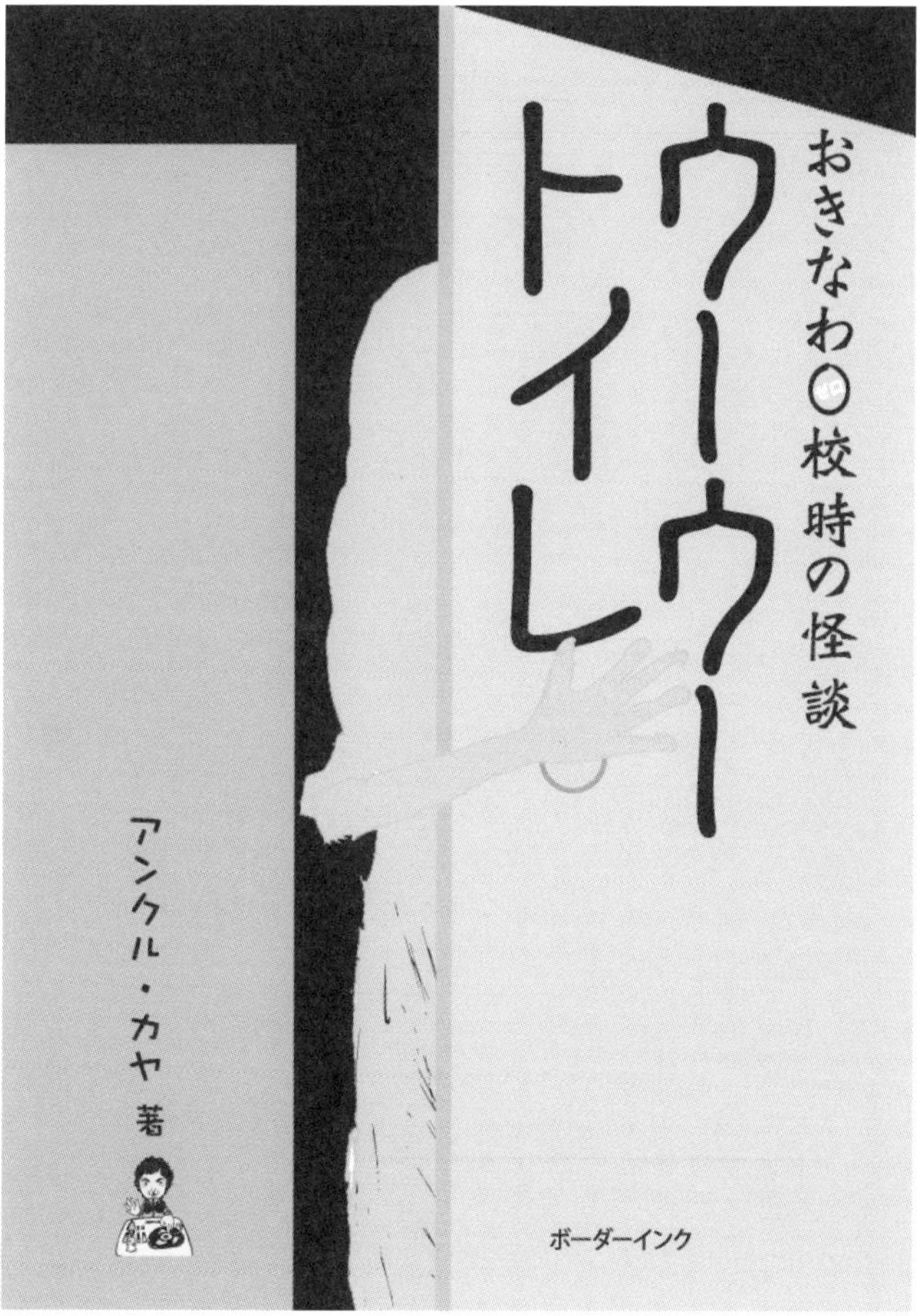
ウーウートイレ
おきなわ○校時の怪談
アンクル・カヤ 著
ボーダーインク

アンクル・カヤのあいさつ

みなさん、はじめまして。

私《わたくし》、アンクル・カヤともうします。

那覇《なは》の街角で、アナログ・レコード屋を営《いとな》みながら、ＤＪや番組パーソナリティ、音楽制作《せいさく》を長い間やっております。


こういう仕事をしていると、いろんな方と出会います。するとその中には、世にも不思議なお話をしてくれる人がいるんです。沖縄には、そういうお話がたくさんあるんですよね。

私は、近所の小学校で、授業が始まる前の「読み聞かせ」の時間に、子ども達にいろんなお話をしているのですが、子ども達もやっぱり怖《こわ》い話、大好きなんですよね。

実は、私、けっこうな怖がり屋なんですけど、近所の子ども達からは、いつのまにか怖い話をするおじさん（お兄さん？）って、呼ばれるようになりました。

新しい沖縄の怪談《かいだん》やウチナーンチュのこわ〜い体験談《たいけんだん》を話していると、不思議な事に、またまた怖い話、怪談が集まってくるんです。

この南の島には、昔から言い伝えられている怪談から、現在進行形の謎めいた話まで、色々あるんですよね。

この本は、私がいつも子ども達にお話している新しい沖縄の怪談や、実際体験したという不思議なお話、そして大人もぶるっとする都市伝説《としでんせつ》のような怪談をまとめてみました。家族そろって楽しめるように、いろんなお話がミックスしてあります。

まずは読んでみて下さい。そしてこの物語を声に出して、語ってみてください。すると、どこからか妙な風の音がしてくるかもしれません。

風の音？

いいえ、それは……。おっと、では、まず私の話を聞いてください。「ウーウートイレ」というお話です。

ウーウートイレのお話

ぞくっとしたお話

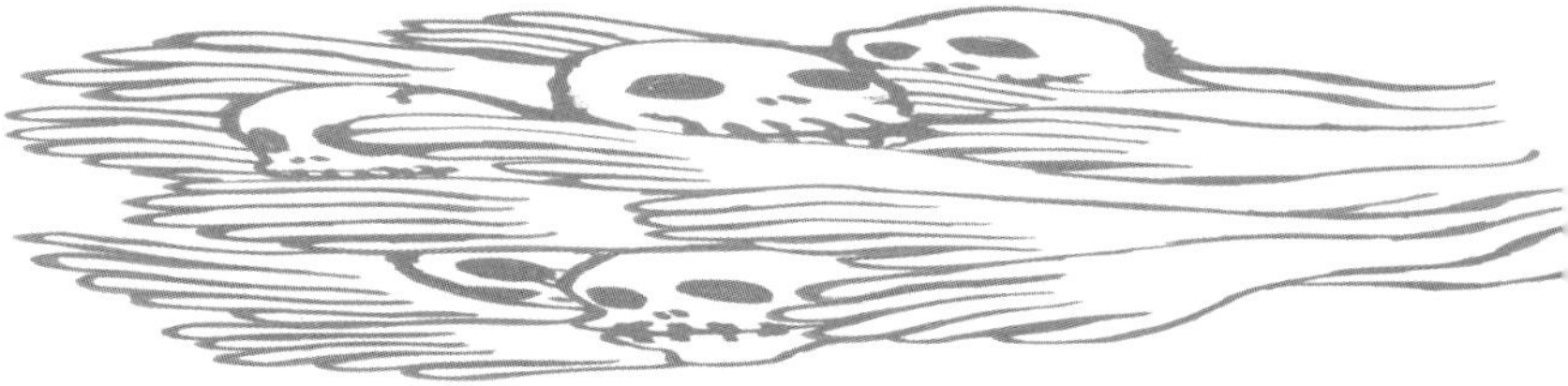

妖《あや》しいお話

イラスト　新垣樹介《あらかきじゅかい》

ウーウートイレのお話

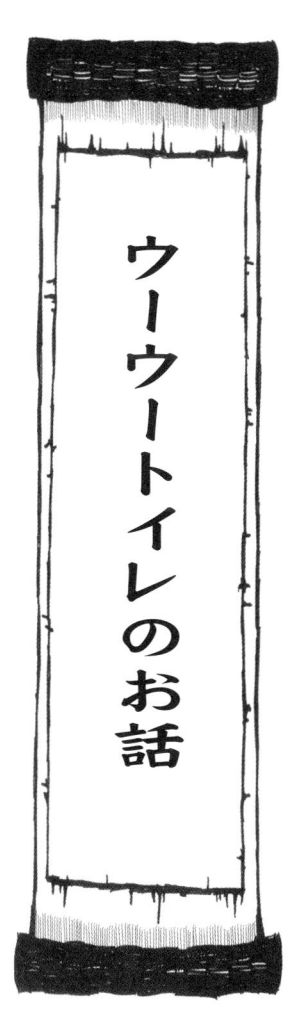

はじまり

ウーウートイレ パート1

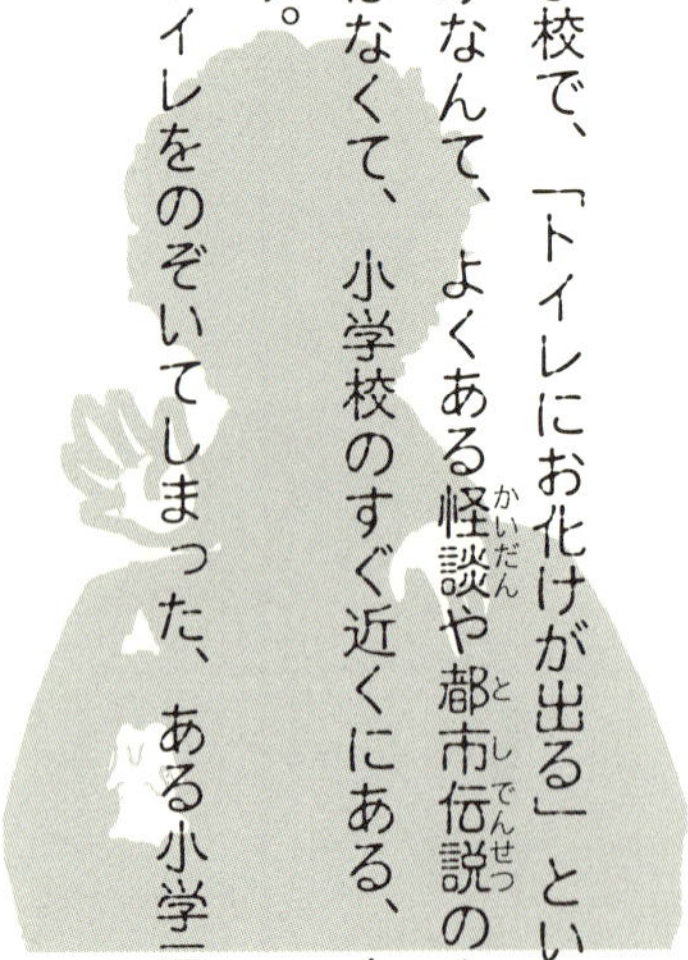

ある沖縄の小学校で、「トイレにお化けが出る」という噂《うわさ》があるそうなんです。
トイレのお化けなんて、よくある怪談《かいだん》や都市伝説《としでんせつ》のようなお話ですが、それは学校のトイレではなくて、小学校のすぐ近くにある、大きな公園の中のトイレのことらしいんです。
これは、そのトイレをのぞいてしまった、ある小学三年生の女の子のお話です。

その公衆《こうしゅう》トイレは、新しくできた公園の中にありました。

すっきりとしたタイルばりの内装《ないそう》は、清掃《せいそう》も行き届いていて、とてもきれいでした。ところが女子用の、三つあるトイレの一番奥の扉《とびら》に、いつのころからか

故障中《こしょうちゅう》。使用できません。


という貼《は》り紙がしてある。内側から鍵《かぎ》がかかっていて、閉まったままだって言うんですね。

どうやら、その故障中の開《あ》かずのトイレの中から、女の低い声で「ウーウー」って聞こえる……。

そんな話が、子どもたちの間で噂《うわさ》になっていたんです。

ある日、その小学校の三年生、女の子仲良しグループの三人、あやちゃん、

ちかちゃん、しいなちゃんが、その噂のトイレをのぞきにいってみようって事になったんです。

小三ともなると、女の子は、同級生の男の子より体も大きくて、精神的《せいしんてき》にも成長が早い子がいます。活発《かっぱつ》な子は、かなり活発なんです。

あやちゃんは、そういったタイプで、気の強いリーダー格。そして仲良しのちかちゃん、しいなちゃんは、リーダーのあやちゃんに引き連れられるようにして、いつも遊んでいました。

学校が終って、三人は公園に行きました。

まだ夕方には時間がある。近所の子どもたちは、公園で遊んでいます。

三人は、噂のトイレの前に着いた。さっそく、奥をのぞいてみました。

な〜んてことはない。ただのトイレだ。

でも、一番奥のトイレは何やら紙が貼《は》ってあって、ドアが閉まってる。

あの噂は、ほんとうだった。

そこで、リーダー格のあやちゃんは、ジャンケンして順番に一人ずつ奥のトイレのドアにタッチして帰ってくるっていうゲームを思いついて、二人を誘《さそ》いました。

じゃんけんぽーん、あいこでしょー、じゃんけんぽーん。


順番は、しいなちゃん、ちかちゃん、あやちゃんの順になりました。

一番最初のしいなちゃんは、恐《おそ》る恐るあとの二人の方を振り向きながら、奥に向かった。

そして故障中で閉まっている、奥のトイレのドアの前で少し立ち止まって、そぉ〜とタッチして戻ってきました。

次のちかちゃんは、しいなちゃんがタッチして帰ってきたのを見てるので、少し安心です。

「怖くないもん」という顔をして強《つよ》がって奥のトイレのドアを、ドンってタッチして戻ってきた。

最後に、リーダーのあやちゃん。奥までスタスタと行って、貼り紙しているドアにタッチして、ゆっくり戻ってきた。

何にも起らないじゃん。このままじゃ盛り上がらない。

そこであやちゃんは考えた。

みんなをビックリさせるために、嘘《うそ》をついてやろう。

「今さ、あたしがタッチする時、中から小さい声で〃ウーウー〃って声聞こえたよ〜」

あやちゃんは、みんながお約束《やくそく》通り「キャーキャー」と言って怖がると思ったんです。

でもなんか違う。ちかちゃんも、しいなちゃんも、何も言わずにうつむいている。なんか変だ。

「私もウーウーって声聞こえた」ちかちゃんが、言った。

「私も」しいなちゃんも、小声で言った。

あれっ！　あやちゃんは、おかしいと思って二人に言い返しました。

「ほんとは何も聞こえなかった。今の私の嘘《うそ》だよー」

でも二人とも、何にも言わない。

あやちゃんは、少しむかついて「何よっ～」って二人に迫《せま》りました。

ちかちゃんは「本当に私、聞こえたっ」って言う。

しいなちゃんも、「聞こえたかもしれない」なんか言い始めたもんだから、
三人は「聞こえた」「聞こえてない」、「嘘言ってる」「言ってない」と、ちょっとした押《お》し問答《もんどう》になりました。

本当に聞こえたのかなぁ……。

でも、やっぱり子どもは子ども。いつの間にかケンカはおしまいになり、
三人は、広場のジャングルジムで仲よく遊びはじめました。
夢中《むちゅう》になって遊んでいるうちに、もう夕方です。
近所の子どもたちもいつのまにか帰って、公園の広場で遊んでいるのは
三人だけ。
実はあやちゃん、さっきの事がどうにも気になってしようがありません。

「ねぇーあのさぁ、もう一回トイレにみんなで行って確かめてみようよ」

と言い出した。

だけど、ちかちゃんとしいなちゃんの二人は、まだ怖い。

「私、絶対行きたくないっ」

「私も。もう帰ろうよ」

あやちゃんは、いつものようにリーダーとして、つっぱって言ったものだから、これ以上引き下がれません。

とうとう「私、ひとりで見てくるから、帰っていいよー」と言ってしまいました。

あやちゃんは、一人であの奥のトイレに行かなきゃダメになった。

ガジュマルが、風に吹かれて、ザワザワと揺《ゆ》れています。

公園の周りは、さっきより陽《ひ》が落ちて、少し肌寒《はだざむ》いかんじ。

でもあやちゃんは勇気を出して、勢いよくトイレに向かって歩き始めました。

そして遂《つい》にトイレの入口まで来た。

トイレの中には、誰もいない。

貼り紙がされたトイレのドアは、閉まったまま、シ～ンとしています。

さすがに少し怖くなってきた。

どうしようかな～と考えていると、「あやちゃーん、大丈夫《だいじょうぶ》？」と、二人が心配して、後から追いかけてきました。

あやちゃん、少しほっとしました。三人そろえば怖くない。

でも、そこでいつもの調子が出た。

「私、ぜったい中のぞいてみるから」

奥の開かずのトイレの中を、隣りの真ん中のトイレからのぞくっていう宣言《せんげん》をしちゃった。

ちかちゃんとしいなちゃんは、不安そうに入り口の方でだまって見てる。

トットットッ。

あやちゃんは、真ん中のトイレまで行くと、ドアを開けて一人で中に入った。そして洋式便器の便座の上に乗って、隣りの奥のトイレをのぞこうとしました。でも小学生だから、背が全然《ぜんぜん》届きません。

どうしよう。どうにかしてのぞかなくちゃ。

そうだ、ドアの下の隙間《すきま》からのぞいてみよう。

公衆トイレの下の方は、床から10センチくらい、開いています。

あやちゃんは、トイレの床に顔がつかないように、片手で髪を押さえながら顔を横にしてしゃがみました。

そして、そーっとのぞきこんだ。

すると……。

その細いドアの隙間には、青白い女の顔が横たわって、ジィ〜っと、あやちゃんの方を見ていました。

長い髪の毛が、その横顔にだらりと掛かって、そのまま床に広がり、髪の隙間から血走《ちばし》った二つの眼《め》が、ぎょろりと縦に並んでいます。

うわっ！

驚いたあやちゃんは、思わず後ずさって立ち上がった。

（今のマジ、何！　女？　顔！　何だったの？）

しかし怖くてもう一度は見られない。

いや絶対《ぜったい》、見たくない！

急に恐怖が襲《おそ》ってきた。体が震《ふる》えてきた。

でも声が出ない。

声が出ない！


しばらくしてあやちゃんは、だまったまま、トイレから出てきました。

それから一言も喋《しゃべ》らずに家に帰ったそうです。

家に帰ったあやちゃんは、少し年の離れた中学生のお姉ちゃんにだけ、トイレであった事を話しました。クラスの子や友達の誰にも話さなかったらしいんです。

でもいつのまにか噂は、子どもたちの間に広がっていきました。
あのトイレ、何かいるってよ……。

このお話は続きがありまして、その一ヵ月後、あやちゃんは、その公園のジャングルジムで遊んでいました。するとなぜかザザッと強い風が吹いて、あやちゃん、手を滑《すべ》らして地面に頭から落ちてしまったのです。周囲《しゅうい》にいた大人たちは、頭を打っている、不用意《ふようい》に動かしちゃマズイというので、救急車《きゅうきゅうしゃ》が来るまであやちゃんの様子を見ていたっていうんですが、その時の様子が少し変だったっていうんです。
目をとじて苦しそうなあやちゃん。その顔は青白《あおじろ》くなり、しきりに唸《うな》っているんですが、あきらかに小学三年生の女の子の口から出たとは思えない、まったく別の大人の女の声で唸っていたっていうんですよね。

「うーうーうー」

ってね。

肝試《きもだめ》し

ウーウートイレ パート2

前回の事件があってから、その公園のトイレは、まわりの小学生の間で有名になったんですね。

いつのまにか「ウーウートイレ」と呼ばれるようになり、子ども達の肝試《きもだめ》しのスポットになっていたんです。子ども達はちょっとだけ「怖いもの」が、好きですからね。

さて次に紹介するのは、あれから一年後のことです。

同じ小学校に通う新一年生になったばかりの三人の男の子たちの間で起《お》きた話です。

そのやんちゃな男の子たちの名前は、あきひと、りょうや、しょうた。

あきひとは、お姉ちゃんがその小学校に通っていて、以前から「ウーウートイレ」の話を聞かされて知っていました。

あの公園のトイレ、な〜んかいるんだってよー、怖いねー……。


ある日、その仲良し三人組が、あきひとのアイデアで、公園のトイレに肝試しに行ってみようって事になったんです。

新一年生は、学校の授業も上級生よりも早く終わります。

さっそく例の公園に向かいました。

三人とも新しいピカピカのランドセルですが、そのランドセルが大きく見える、かわいらしい後ろ姿です。

公園に着くと、まだ陽《ひ》も高い時間なのですが、何故《なぜ》かその日は、広場で遊んでいる子どもたちも、ベビーカーを押しているお母さんたちもいませんでした。

風もなくて、しーんとしている。

「なんか、静かだね」

「でも肝試しにはちょうどいいや」

三人は、さっそくジャンケンして、ひとりずつ女子トイレの奥のドアにタッチしてくる事にしました。

女子トイレに誰《だれ》も入ってない事を確かめて、三人組は女子トイレの入り口に立った。

恐る恐る、奥をのぞくと……。

あれっ。噂《うわさ》の一番奥のトイレは、使用禁止《しようきんし》になってないんだ。半開きになったままのドアには、「故障中《こしょうちゅう》」の貼《は》り紙がありません。

あきひとは、ちょっと残念《ざんねん》という気持ちもあるけれど、「ウーウートイレ」の話は、ただの噂だったんだと、少し安心しました。

それでも一応肝試しはやろうって事になって、三人はジャンケンをしました。しょうた、りょうや、そして言い出しっぺのあきひとが最後という順番になった。

一番目のしょうたが、ゆっくり奥まで歩いていきます。トイレのドアが半分開いたままなので、中をのぞいてみた。

なんて事はない、やっぱりただのトイレだ。

軽くドアにタッチして、戻ってきました。

りょうやも、同じように、奥のドアにタッチしました。

何も起こりません。

そして最後のあきひとの番が来ました。

これでは盛り上がらないと思ったあきひとは、二人を少し驚《おどろ》かせようとして、奥のトイレに着いた時、変な声のつもりで喉《のど》を絞《しぼ》って「うーうー」って言ってみました。

でもそれが下手くそで、「今のは、あきひとの声だね〜」ってすぐにばれました。

せっかくの肝試しなのに、あまり盛り上がりません。

あきひとは、仕方なしに奥のトイレに背を向けて何歩か進みました。

その時、後ろの方から、

ギギイィー

と、音がしました。

あきひとはびっくりして、振り返りました。

でも奥のトイレのドアは、開いたままで変わりない。

空耳《そらみみ》かと思い歩きだすと、また奥から「ギギイィ〜」って音がした。

今度は三人ともハッキリ聞こえました。

思わず立ち止まったあきひとが、恐る恐る振り返ると、何も変わらない。

ドアは変わらず開いたまま。

つきあたりのガラス窓は、内側から鍵《かぎ》が掛《か》かって閉まっています。外も風が強いわけじゃない。風で、ドアが開いたり閉まったりするわけはないのです。

少し気味が悪くなりましたが、三人とも奥のトイレにタッチしたので、一応、肝試しはこれでおしまいです。

「もう帰ろうか」と、しょうたが言いました。

でも一番最後だったあきひとは、緊張《きんちょう》していたのか、オシッコがしたくなりました。男子トイレに行けばいいのだけど、でも少し怖い。

「ねえ、おしっこ行かない？」

「お前、怖いんだろう」と、りょうや。

「怖くないよ。でも行こうよ」

「もう帰ろうよ〜」と、しょうた。

「おうちまで我慢《がまん》できないよー、一緒に行こうよ〜」

結局、みんなで行く事になり、三人は反対側の男子トイレの方にまわりました。

トイレの中には小便器が、三つ並んでいる。

一番奥からあきひと、りょうや、しょうた、と並んでオシッコし始めました。大きいランドセル背負《せお》ったままで、それが三つ並んでいる後ろ姿は、とてもかわいらしい。

と、その時……。

後ろの方から

ウーウー

と女の人の唸《うな》るような声が聞こえました。

いや、聞こえたような気がした。

三人は、お互いを確《たし》かめるように顔を見合わせました。

そのトイレは、女子トイレと男子トイレが壁で完全に仕切《しき》られているのではなくて、個室の壁の上が開いているタイプのものなんですね。女子トイレと男子トイレは、上の方でつながっているんです。

そして、どうやらその声は、つながっている女子トイレの方から聞こえてきたようでした。

急に怖くなった三人は、急いでオシッコをすませようとしました。まず、しょうたがジッパーあげて、さっさと出て行った。りょうやも続いて出ていった。

最後になった一番奥のあきひとは、あせった、あせった。

「わぁー、いたい！」

急いでジッパーをあげるときに、オチンチンを挟《はさ》んでしまいました。手とズボンに、少しオシッコまでかかっちゃった。

あきひとは、とにかく早くトイレの外に出たい。でも、手にかかったオシッコが気になるので、手を洗う事にしました。

蛇口《じゃぐち》を捻《ひね》る。

ジャージャー。うーうー。ジャージャー。うーうー……。

手を洗って、フッと顔をあげると、ちょうど鏡に自分の顔と、背後《はいご》の壁

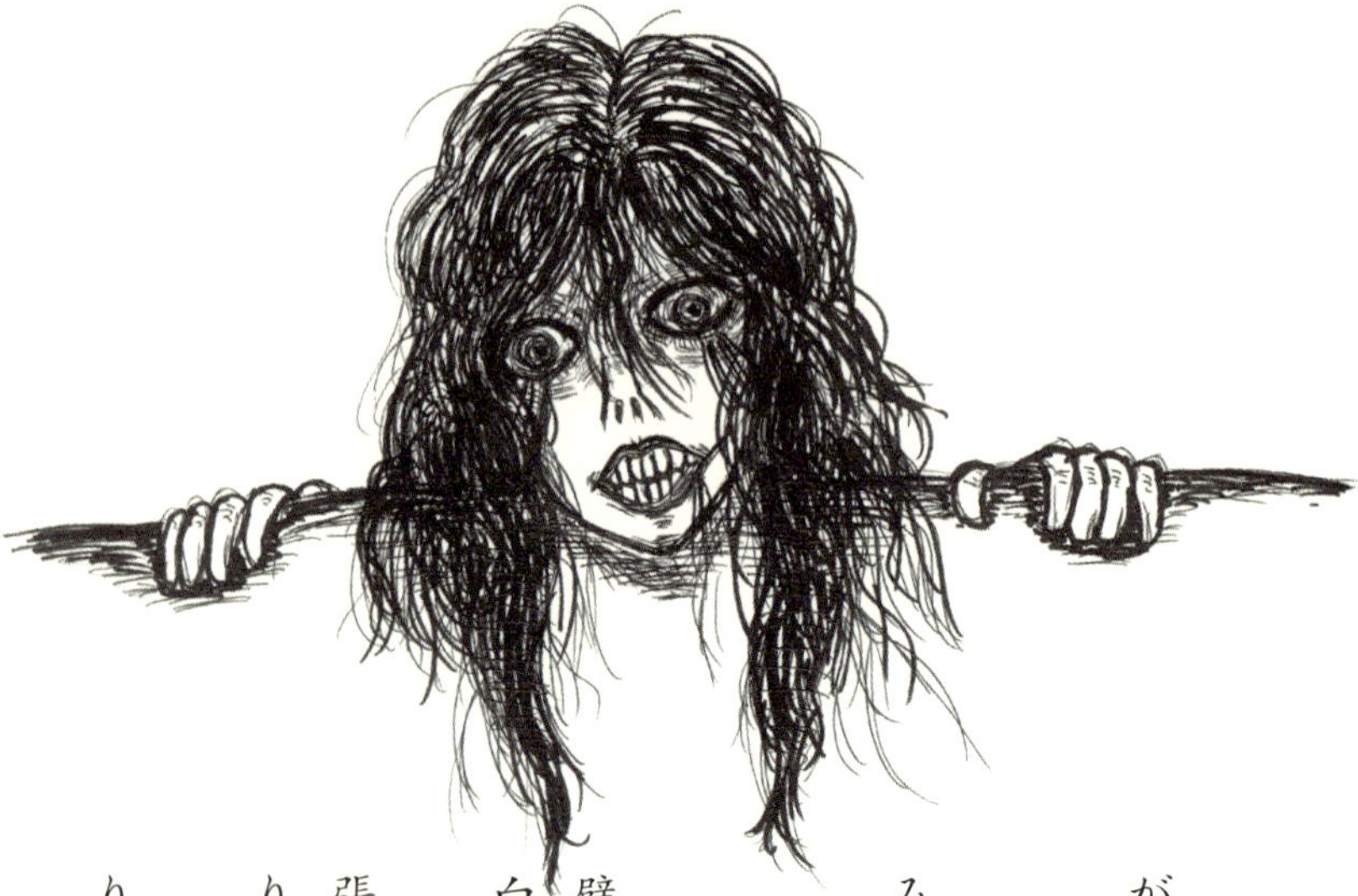

が映《うつ》りました。

んっ？　あれっ？　何か、映っている。

あきひとは、鏡を、もう一度よくのぞき込みました。

すると……。

鏡に映っている自分の顔の、ななめ後ろの壁の上に、女子トイレの方から突き出た、青白〜い女の顔がありました。

たれさがった髪の毛だけが、壁にぺたりと張り付いたまま、ひび割れのように、ゆっくり広がっていきます。

女は、さらに上半身を、ぐいっと壁から乗り出して、あきひとを、ジ〜っと見ています。

「ッヒィッ」

あきひとは、まともな叫び声を上げることが出来ず、腰《こし》が抜《ぬ》け座り込んでしまいました。

なかなか出てこないので心配した二人がトイレに戻った時には、あきひとは、両膝《りょうひざ》を抱えて体育座りしたまま、ブルブル震えていました。

何も喋《しゃべ》らない、喋ろうとしないあきひとを、二人はおうちまで連れて帰りました。

そして公園のトイレに肝試しに行ったことは、お姉ちゃんにも、親にも、誰にも言わずに内緒《ないしょ》にすることにしました。

でもその後、あきひとは、原因不明《げんいんふめい》の熱が出て、ずっと学校を休んだままだっていうんですよね……。

携帯電話《けいたい》

ウーウートイレ　パート3

やがて噂《うわさ》は、その小学校どころか、街中《まちじゅう》に広がっていったっていうんですよね。

「ねぇ、ウーウートイレって知ってる？」

「うん、でもホントかなぁ。怖いねー」

というひそひそ話が、子ども達の間でささやかれていました。でもしばらくその公園では、何も起きないままだったんです。

これは、そんな頃、その公園に隣町《となりまち》から遊びに来ていた小学校一年生のさえちゃんと、そのお母さんの話なんです。

近くのショッピングセンターでお母さんと買い物をしたさえちゃん、帰りに、その公園に行きました。ジャングルジムが大好きなさえちゃんは、夕方になるまで、ずっと遊んでいたんです。

するとさえちゃん、どうしてもトイレに行きたくなりました。ベンチに座って、携帯電話《けいたいでんわ》でおしゃべりをしていたお母さんに言いました。

「近くのコンビニのトイレに行きたい」

さえちゃんは、一応「ウーウートイレ」の噂《うわさ》を知っていたんですね。

あのトイレに行くのは、絶対《ぜったい》いやだ。

「この公園のトイレ、きれいそうよ。行って来なさい」

さえちゃんは、頑《かたく》なに断りました。

「行きたくないよ！」

お母さんは、少しいらつきながら言いました。

「何故なの？　もう待てないんでしょう」

さえちゃんは、小さい声でこたえた。

「だってここのトイレ、女のお化けがでるんだよー」

お化けやUFOをまったく信じないお母さんは、

「そんなものは、最初からいないの！　もう少し大人になったら分かるわよ。さあついて行ってあげるから、行きましょう！」

さえちゃんは、しぶしぶ歩き始めました。そしてお母さんに、お化けの噂を話しました。

「ここの一番奥のトイレはいつも閉まっていって、中からウーウーって声がするんだよ」

「へえー怖いねえ〜。でも私がついていってあげるから」

諭《さと》すように話すお母さん、やはり信じてはいないようでした。

二人は、トイレに入りました。

さえちゃんは、一番奥のトイレをのぞいた。

「一番奥のトイレ、壊《こわ》れてなんかないじゃないの。大丈夫よ、大丈夫。噂は噂だし。私ここにいますから」と、お母さん。

さえちゃんは怖いので、一番手前のトイレに入りました。

でもそこは、トイレットペーパーがありませんでした。

仕方なくさえちゃんは、次の真ん中のトイレに入りました。

ところがそこは、子どもがおオシッコやウンチを漏《も》らしたみたいで、便器がかなりよごれてて、きたない。

そうすると、一番奥のトイレしかありません。

入りたくない。でも我慢《がまん》できそうにない。

そこで、さえちゃん考えた。

「お母さーん、トイレの扉《とびら》、鍵《かぎ》かけないでいるから、絶対そこにいてね」

「はいはい、分かったわよ。いますからね」

ようやくトイレに入ったさえちゃん。

扉の下からのぞくと、お母さんのヒールが見える。これで安心。

早くオシッコを終らせようとするけど、いざとなると、なかなかでてきません。その時、ブウ〜ブウ〜、ブウ〜ブウ〜

さえちゃん、ビクっとした。

でもそれは、お母さんの携帯電話の音でした。

「はい、もしもし～。お世話になります。この前はどうも～」

トイレの中は、自分の声が響《ひび》いて話しづらいのか、お母さんは、外に向かいました。

「あっ、お母さーん。行かないでよ～」さえちゃんは焦《あせ》った。

「はいはい。あー、すいません。娘がトイレで…」

お母さんは、トイレの入り口の方で話しています。

そしてお母さんの話し声は、とうとう聞こえなくなりました。

しばらくして、また携帯電話のバイブが鳴りました。

うー、うー、うー。うー、うー、うー。

「ねぇ～、お母さーん、お母さーん」

さえちゃんは、おしりを拭《ふ》きながら、身を乗り出して扉を押して、入りロの方をのぞこうとしました。
扉は少し開くと、ドンっとぶつかってしまいました。
扉の下のトイレのタイルに、足が見えた。
お母さん、いたんだ。はぁよかった。
でも、裸足《はだし》？　そこには、青白い足があった。

お母さんの足……？
お母さんの足じゃない！

扉がゆっくりと開くと、さえちゃんは、足元から上に、視線《しせん》を向けた。
そこには、髪の長い、青白い顔をした女が立っていた。

その女の暗～い目が、ジーっとこっちを見ていた。

ぞくっとしたお話

雨の日のかくれんぼ

沖縄の古都《こと》である首里《しゅり》、というと、沖縄戦《おきなわせん》の時には、首里城《しゅりじょう》の地下に、日本軍の守備隊本部《しゅびたいほんぶ》があったため、アメリカ軍の集中攻撃《こうげき》により、ほとんど何も残らないほどの被害《ひがい》を受けたそうです。

でも今ではその首里城も復元《ふくげん》されて、世界遺産に指定されたこともあってか、沖縄に訪《おとず》れる観光客が、一度は必ず立ち寄るほどの観光名所となりました。

その首里城付近には、有名な池があります。その穏やかなたたずまいで、地元の人たちや、観光客の憩《いこ》いの場所として親しまれています。

この話は、その池にまつわる、首里出身のある男性が体験したお話です。

その男性は、私と同世代で、仮に名前を、たけしさんとしておきます。

彼は現在、沖縄県内で製薬《せいやく》会社の営業マンをやっています。高校までは沖縄にいて大学進学で福岡《ふくおか》に行き、卒業後、製薬会社に就職《しゅうしょく》しました。その後、何年か九州で勤務《きんむ》した後、転勤《てんきん》で地元沖縄に戻ってきたそうです。今は、首里の実家からの通いになっているわけです。

ある夏の日、週始めの月曜日。

たけしさんが、なぜ月曜日と憶《おぼ》えているのかというと、前日が会社のビーチパーティだったからです。強烈《きょうれつ》な陽射《ひざ》しが照りつける中、たらふくビールを飲んだから、少々二日酔いしている。日焼けもして、体もだるい。

営業で首里付近の開業医《かいぎょうい》関係を回った夕方、南国《なんごく》特有のスコールがきた。バケツの水をひっくり返したような雨が、営業車のフロントガラスをたたきつける。バチバチバチバチ。

先ほどまで晴天《せいてん》だった空も、重い雲がたちこめ暗い空になっている。沖縄の夏の夕立《ゆうだち》は、あっという間に激しさを増した。

ワイパーを最大にする。シューシュ。シューシュ。

たけしさんは、このまま運転するのも危ないし、昨日の疲れもあり、少し車を停めて休もうと考えた。

しかし首里という街、特に首里城付近は駐車場《ちゅうしゃじょう》も少ない上に、料金も観光プライスで高い。それで、どこか適当な路肩《ろかた》で駐車しようと思った。

停めた場所は、その池に入る道。車道ではないが車二、三台停められるスペースがあった。

車を停めた。

バチバチバチバチと車の屋根をたたきつける雨は、止《や》みそうにない。

ラジオを切って車のエンジンも切って目を閉じた。

少し眠くなってきた。

目を閉じたが、強い雨の音が聞こえる。

バチバチバチ、ドド、バチバチバチ、ドドド。

たけしさんは、その音に、んんっ？　と思った。目はつぶったままだが、耳をすました。大粒の雨が当たってるというよりは、何かもっと大きいものが降ってきているような感じ……。

いや、なにかで車をたたいてる音のようにも聞こえる。

さらに耳をすませると、車の屋根からじゃない、横からも運転席のドアのをたたいてるように聞こえた。

あれっおかしいぞっ？　と思った瞬間《しゅんかん》、金縛《かなしば》りにあった。

実際、疲れていたので、たけしさんは、それが金縛りだったかどうか定《さだ》かじゃないって言うんです。でもその時、小学校のころ、この池で遊んでいた時のある事件を思い出し、それが夢をみるような感じで、映像的に頭の中でよみがえったそうです。

それはこんな光景だった。

昭和四十年代後半、「本土復帰《ほんどふっき》」前後の首里あたりは、何かとのんびりとしていた。その池には、ちゃんとした柵《さく》もなかったけれど、わんぱくな子どもたちは、そんなのおかまいなしで遊んでいた。

ある日、たけしさんは、同級生のまこと君、ゆきし君の三人で、その池に遊びに行った。

池に到着《とうちゃく》するころには、曇《くも》り空から、少し雨が降ってきた。でも男の子たちは、その程度の雨じゃ遊びはやめない。何かやろうって事で、かくれんぼをやる事になった。

ジャンケンをして、ゆきし君がオニになった。

隠《かく》れるエリアは、池の周りと決めた。

よく三人は、その場所でかくれんぼをやるので、だいたい隠れそうな所は、お互いに知っている。

オニじゃない二人は、いつも隠れているガジュマルの後ろは、すぐ見つかってしまうってことで、ちょっと危ないけど、傾斜《けいしゃ》のきつい土手《どて》のはしっこに、ピターっと張り付いた。

土手は、大きい石が多く、でこぼこしているので、上からは、かなり身を乗り出してのぞき込まないと、見つからない場所だ。

水面が、すぐそこにせまってくる。

「た〜けしぃ〜、ま〜ことぉ〜。ど〜こだぁ？」

ゆきし君は、大きな声を出しながら探し始めた。

けっこう危ない所に隠れたものだから、ゆきし君もまさかそこにいるとは思わない。

そうしているうちに隠れている二人は、だんだん可笑《おか》しくなってきた。

クスックスッと、息を殺して笑い始めた。

声を出しちゃまずいと思うと、余計に声が出そうになる。

口を押さえて笑い声を殺していたが、ゆきし君が、その声を聞いてだんだん近くに寄ってきた。

「そこに誰かいるんでしょう？」

まこと君が猫のまねして「にゃ〜」。

「猫じゃない、今のは、まことの声だぁ～」

ゆきし君は、少し身を乗り出してのぞき込んだ。でも姿が見えない。

「まこと、いるんでしょう？」

「にゃ～」

二人がまたクスクスと笑う。

ゆきし君は、なにか、仲間はずれにされた気持ちがした。悔《くや》しいので、思いきって池の方に身を乗り出し、ぐ～っとのぞき込んだ。

その時、
ピカッ！　ゴロゴロ！

大きい雷が落ちた。

身を乗り出してのぞき込んでいたゆきし君は、驚《おどろ》いた拍子《ひょうし》に、バランスを崩《くず》して、スローモーションのようにゆっくりと、頭から池にバシャーンと落ちていった。

空からは、そのタイミングを見計《みはか》らったように、雨がザーと降ってきた。

凄《すご》いどしゃ降りになった。
「ゆきしぃ〜、大丈夫かー？　ゆきしぃ〜」
隠れていた二人はびっくりして大声で叫んだ。
バシャ、バシャ、バシャ。苦しげな水の音がする。
「ゆきし、ゆきしぃ〜」
バシャ、バシャ。バシャ。
大雨の中、よく周りが見えない。
少しむこうで水しぶきが立っている。
次第に音が岸を離れていく。
ゆきし君は流されているようだ。
でも二人とも　池に入る勇気は出ない。
しばらくして、バシャバシャという音は、途絶《とだ》えた。
二人がぼうせんとしていると、たまたま通りがかった近所のおじさんが、
助け出してくれて、病院に運んでくれた。でも、ゆきし君は、頭を強く打

ったことと、大量に水を飲んでいたというのが原因で亡くなってしまった。

結局この一件は、事故として処理《しょり》された。

たけしさんは、金縛りにあいながら、まさに、その時の映像がよみがえったって言うんです。

そう、あの時と同じ、強い雨の日、スコールの日。多少場所は違うけれど、同じあの池のほとり。

その時、車をたたきつける音が大きくなった。


ドンドンドンドンッ。


たけしさんの金縛りが解《と》けた。やっと目を開ける事が出来た。

音のする助手席側のドア、鍵はかけている。

しかし怖いので、首は動かさずに、目だけ動かせて見た。

「うあぁ〜」

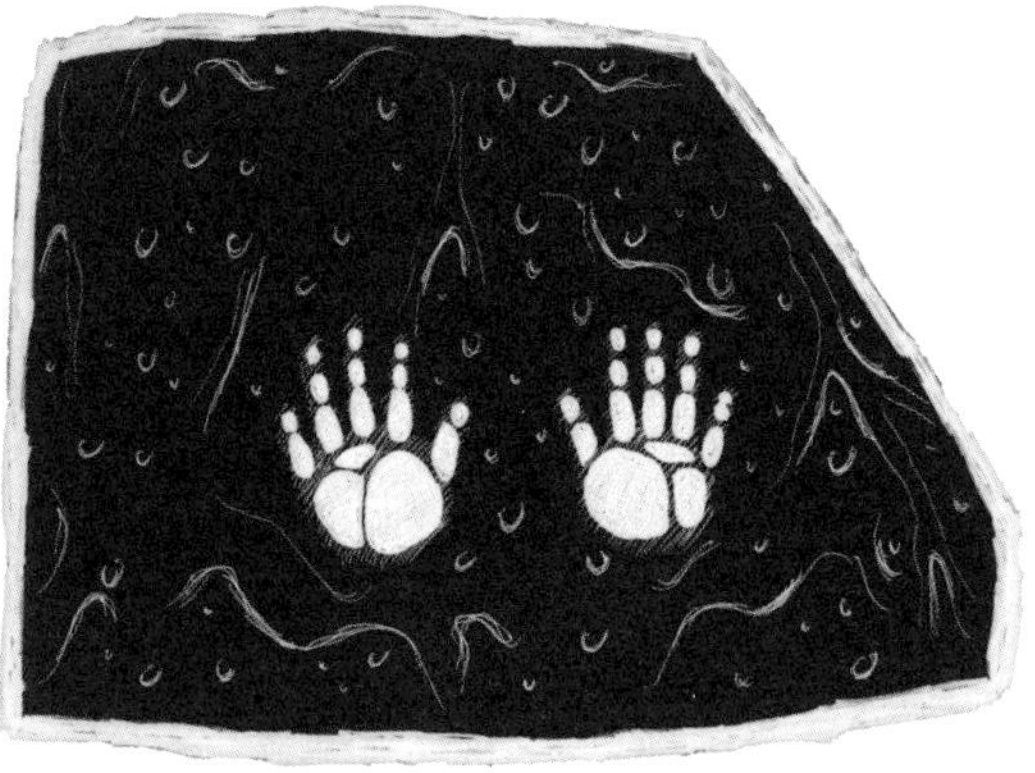

窓ガラスに、何かが張り付いている。
よく見ると、子どもの大きさほどの白い手がピタ〜っと張り付いていた。
たけしさんは思わずもう一度「うあぁ〜」と叫んだ。
その時　自分の声でかき消され、実際、聞こえたかどうか定《さだ》かではありませんが、小学生くらいの子どもの声が、聞こえたような気がしたっていうんです。

「見い〜つけた」

ゆきし君、あれからずっと、たけしさんを探し続けていたんでしょうか……。

グスクの怪《かい》

沖縄には、グスクと呼ばれるお城があります。世界遺産《いさん》になっているものもあれば、石の祠《ほこら》のような跡《あと》しか残っていないものまで、大小あわせてなんと県内には三百以上もあると言われています。このお話は、あるグスクに行って恐い体験した大学生の話です。

そのグスクは、十三世紀後半に築城《ちくじょう》されたといわれ、世界遺産にもなっています。曲線美《きょくせんび》に溢《あふ》れた素晴らしいグスクであったことが、現在も残っている立派な石垣からも想像できます。昼間は観光客で人気のスポットなのですが、夜は夜で、その高台からは太平洋や街の夜景が見えてロマンチックな気分を味わえます。さらにグスク特有の少し謎めいた雰囲気があるので、若いカップルも多いんです。

しかしグスクには、もうひとつの顔があることを、皆さんはご存知でしょうか。

ある夜のこと。ドライブの途中、ちょっとした肝試《きもだめ》し気分で、大学生の男子三人と女子二人、合計五人で、そのグスクに入ったそうです。

正門は夕方六時ころに閉門《へいもん》していましたが、彼ら地元の人間のみぞ知る入り口から、こっそり中に入ったそうです。

一行《いっこう》のなかに一人、霊感《れいかん》の強い女性がいました。

彼女は、最初からこのグスクに入るのは気が乗らなかった。

彼女は、いわゆる〈視《み》える〉というわけではありませんが、拝所《はいしょ》や城壁《じょうへき》の片隅に、人間ではない存在を感じるわけです。空気が重い場所がある。

彼女は歩いて行くうちに、いよいよ嫌《いや》な気分になってきた。

リタイヤさせてもらおうと思うが、折角《せっかく》ここまで来たみんなに帰ろうと言うわけにもいかず、まして一人で駐車している車まで戻って待つ気にもならない。

車までの真っ暗な道を一人で歩くという事を想像しただけでも、ゾッとする。怖い。

ただ雰囲気《ふんいき》の悪い場所で立ち止まっているのも気が滅入《めい》るので、みんなに言った。

「景色がいい高台の方に行って、夜景を見ようよ」

他の四人は、折角、恐い雰囲気が出てきたのにと思いつつも、彼女には強い霊感があるのを知っているので、従《したが》うことにした。

みんなで、芝生《しばふ》になっている広い場所に移動した。風が吹いて、気持ちがいい。

城壁《じょうへき》の方に行くと、下は崖《がけ》のようになって恐いが、遠くを見ると、都会の夜景とは違う、雄大《ゆうだい》な夜景が広がっている。

何百年も前、昔の人もここから遠くを眺《なが》めていたのだなと思うと、古代のロマンを感じる。

一行《いっこう》は無口になり、思い思いに景色を見ていた。

風が強くなってきた。

ひゅーひゅー。ヒューヒュー。ピューピュー。

何か、口笛と言うよりは、歯笛《はぶえ》のような甲高《かんだか》い音が、風の音に混じっているような気がする。

城壁に立って景色を眺めていた一人の男子が、その音を不審《ふしん》に思い、みんなの方に振り返った。

一人足りない。

五人で来たはずが、後には男子二人と女子一人しかいない。

「誰かいないぞ」

どうやら霊感の強い、あの女の子が見えない。あわてて探すと、彼女は城壁の片隅《かたすみ》でしゃがみこんでいた。ほっとして声をかけるが、返答がない。

彼女は、体育座りして、ぶるぶる震《ふる》えていた。失神《しっしん》しそうな勢いで、手足が痙攣《けいれん》しているかのようだ。

さすがにこの状況《じょうきょう》はまずいと思い、残りの四人で相談した。さっそく彼女を抱《かか》えてグスクを出ようという事になった。もう一人の女子と一人の男子が彼女の肩を抱《かか》え歩き、三人の後ろを男性二名がついて歩く形になった。

風が強い。

ヒュー、ヒュー。

いや、明らかに変な音が混じって鳴っている。

ピュー、ピュー。

その音は、どうやら彼らの上を旋回《せんかい》している。

そして背後《はいご》の木が、ざわめいている。

後ろを歩く二人の男子にはわかっていた。その「ざわめき」は、木が揺れている音じゃない。枝や葉っぱがこすれ合って出ている音じゃない。

どうやら人の声のざわめき、多くの人間が何やらぶつぶつ言っている声であることを。

そして、その声の主達《ぬしたち》は、明らかに、彼らの後ろをついて来ている。

背中から嫌《いや》な汗が流れる。

その何かが喋《しゃべ》っている内容は正確には聞き取れないのだが、どうやら古い昔の言葉のようだ。

前を歩く三人は、失神しそうな彼女を抱《かか》え歩いているので、気づいてないようだが、後ろの二人には分かる。

進むにつれ、多くの気配がついてくる。数が増えている。

二人は顔を見あわす。緊張《きんちょう》が高まった。

一人の男子が振り向こうとすると、

「振り向いてはダメ！」

後ろから、女の子の声がした。

女の子？

今日五人できたうち女子は二名だが、その一人は震《ふる》えながら抱えられている。もう一人は、右側からその友達を抱えている。二人とも前を歩いているんだ。他には女子はいない。声も幼い感じがする。

要するに知らない女の子が背後から語りかけてきたわけだ。

そしてその後ろからは、ざわざわと人が多くついて来ている。さっきよりまた増えた感じがする。

二人の男子の緊張《きんちょう》は、ピークに達した。

たまらず一人が、また振り返ろうとした。

「向こうまで。あと少しだから！」

また女の子の声が後ろから聞こえた。

振り向こうとした彼は、これは、自分たちを助けてくれているのだと確信して、皆に言った。

「絶対振り向くな！　早くここを出るぞ」

霊感の強い子の震えは、グスクの外に出るとおさまった。

ようやくグスクを脱出《だっしゅつ》して、五人は無事に車まで戻ることができた。

突然、「おい、見てみろよ」と男子が、恐ろしげに車を指差した。

見ると、たどり着いた車の窓には、不思議な手形が何個か付いていて、
そのなかには**異様に長い中指の手形**もあったそうです。

それにしても、「振り向いてはダメ」と助けてくれた女の子の声は、なんだったんでしょうね……。

ドライブの思い出

このお話は、私のレコード屋のお客さんで、宜野湾《ぎのわん》で設計関係のお仕事をされている比嘉《ひが》さんから聞いた話です。

私とは同世代で音楽の趣味ももちろん合うのですが、そういえば昔、こんな不思議な話があったと、思い出してくれたのでした。

彼が大学生の頃なので、もう二〇年前です。当時、比嘉さんには、ガールフレンドがいまして、車を買ったのでドライブに行こうってことになった。車はバンだったそうです。

楽しいドライブデートになるはずだったのですが……。

久々に彼女とデートだ。新しく手に入れた車も調子がいい。せっかくなので、今日のデートは、ドライブでいこうと思った。

約束のお昼一時きっかり。遅刻《ちこく》はしていない。

彼女の家の前は細い道になっていて、車一台くらいしか通れない道幅《みちはば》だ。行きはいいが、帰りはバックで出なきゃならない。

でも運転には自信がある。バックは、男の腕の見せ所でもある。

彼女は家の前で立って待っていた。

「待った?」

「ううん大丈夫」

「乗って」

「うん」

バタンッ。彼女は助手席に乗った。

バックで、スマートに、その細い道を出た。彼女は、何も言わなかった。

そのまま車は、国道五十八号を北部へ向かった。

彼女はずっと黙《だま》ったままだった。

どうも今日は、最初から機嫌《きげん》が良くなかった。

青白い顔をして、うつむいている。

どうにも気になったので、車のスピードを少し落としながら、わけを尋《たず》ねた。

「体調悪ぃ？　車酔いしたかな」

「ううん」首を横に振る。

「なんか、元気ないさぁ？」

「ううん」

優しい性格の彼女なので、きつくは問いただせないが、思い切ってもう一度きいてみた。

「せっかくのデートだから、何でも言って。全然あわせるからさ」

「……くっついてた……」

「えっ」

「くっついてた……」

「えっ？」

ちょうど、前の信号が赤になり、彼女の方を向いてきいた。

「くっついてたって、何が？」

「女の人がね、この車の窓の外にくっついていたの、最初から。家に来たときから。で、今、後ろ……」

実は、彼女に霊感がある事は知っていた。

しかし、くっついてたって？

後ろって？


彼女が言うには、最初から女の人が車の後ろに張り付いていた、と。

我慢していれば、そのうち消えていなくなるだろうと思っていたが、今、ふっと車のバックミラーをのぞいたら、居《い》る。

窓の外じゃない。すぐ後ろの後部座席に女が座っている。

この世のものではない女……。

自分には、その女の霊は全く視《み》えないが、その話を聞かされた後は、さすがに気味が悪くなった。

すぐ近くの商店に立ち寄り、清めのマース（塩）を買って　車内に振りまくった。

その後もドライブは続いたが、正直言って、その日のデートは盛り上がらなかった。

夜になり、彼女を家まで送る事になった。

彼女の家の前の道は、車一台分しか通れない程の細い道。行きは、そのまま直進《ちょくしん》で家の前まで行けるが、帰りはバックで戻らないといけない。

やっと彼女の家の前に着いた。

少し気まずい空気が流れた。

彼女も、自分が言った事のせいでデートが台無しになった事を、後悔《こうかい》しているようだ。

でもここで男らしく言った。
「次また誘《さそ》うから、今度は元気に逢《あ》おうね」
「うん。ありがとう」
今日、初めての彼女の笑顔だった。
少しホッとした。
彼女を降ろして、運転席から手を振った。
彼女も家の前で立ち、バイバイと、こちらに手を振っている。
暗い中、細い道なので、慎重《しんちょう》に車をバックで走らせる。
彼女の顔、姿が、遠ざかっていく。
すると、彼女の顔が、急にこわばった。
そして慌ててバイバイを止めて、手を下ろした。
変だな、と思ったが、そのままバックして大きい道に戻り、家に帰った。
数日後、彼女から電話があった。話は、あの日のデートの事になった。

「あの日、自分が帰る時にどうして、変な感じになったの？」

思い切って聞いてみた。

彼女は戸惑《とまど》いながら話し始めた。


ごめんね。ほんと、ほんと、ごめんね。

最初、あなたにバイバイしてたんだけどね。

よく見ると、まだ、あの女が乗ってたの。

ううん、後ろじゃなくて。

あなたの隣り、助手席に。

そして、私に向って無表情で、冷たい顔で、『バイバイ』ってしたの。

それで恐ろしくなって手が止まっちゃったの。

その女、車にず〜っと乗っていたんですね。

お盆にやってきた青年

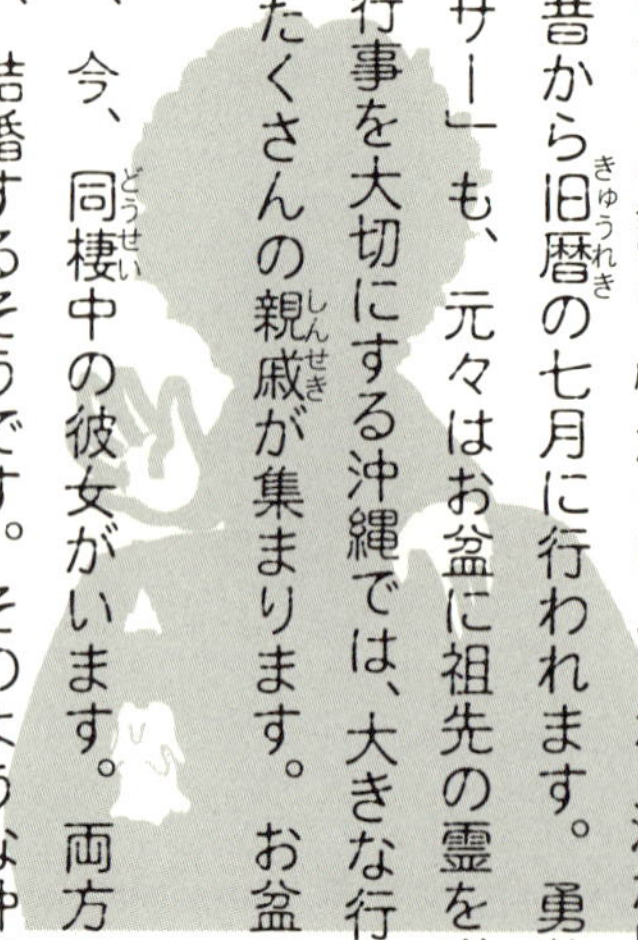

　このお話は、私のレコード屋で、お客さんのYさんから、お盆《ぼん》の時期に聞いた話です。私は、なにかこの話に、懐《なつ》かしいような、温《あたた》かいようなものを感じました。
　沖縄のお盆は、昔から旧暦《きゅうれき》の七月に行われます。勇壮な太鼓や踊りで沖縄文化を代表する「エイサー」も、元々はお盆に祖先の霊を送り出すためにできた芸能ですよね。お盆の行事を大切にする沖縄では、大きな行事として、ムートゥヤー（本家）ともなると、たくさんの親戚《しんせき》が集まります。お盆で初めて会うような親戚もいたりします。
　さてYさんには、今、同棲《どうせい》中の彼女がいます。両方のご両親も公認《こうにん》済みで、近いうちに籍《せき》を入れ、結婚するそうです。そのような仲なので、親戚《しんせき》の方にご挨拶《あいさつ》も含めて、お盆の時期に、彼女のご実家にお邪魔《じゃま》する事になったそうです。

少し緊張する。彼女の両親には何度も会っているし、同棲も公認だ。しかし親戚一同となると気が重い。彼女の実家に着いた。久々にご両親に挨拶《あいさつ》した。

まず最初にトートーメー（仏壇《ぶつだん》）に手をあわせた。トートーメーには、ご先祖さま、彼女のおじいちゃん、そして弟さん……。彼女の弟は、小学校の時に亡くなっている。

まだ明るいが、時間は夕方の六時をまわっていた。彼女の親戚がたくさん集まっている。自分には知らない顔ばかりだ。年配の方が多い。

彼女が気をつかって言ってくれる。

「奥の部屋でちょっと休んでいてもいいよ〜」

「いや、一緒にいるよ」

これからご縁が出来るのだ、周りの方々には丁寧《ていねい》に挨拶しようと思った。

僕たちは、玄関先で色々な親戚の方をお迎えし、挨拶していた。久々に会ったおじぃ、おばぁ達は懐かしそうに話しているが、だいたいウチナーグチ（沖縄の言葉）なので、分らない言葉も多い。

彼女が、家の料理の手伝いで、台所へ呼ばれた。

ひとりになった自分は、次から次へと訪《おとず》れる親戚たちにまじって途方《とほう》に暮れてしまった。

ふと気づくと、親戚のおじぃやおばぁに混じって、玄関の外の片隅《かたすみ》に二十歳《はたち》くらいの青年が立っている。

どうやら彼もひとりのようだ。うつむき加減《かげん》で、少し内気そうな様子。

今時の若者ファッションというよりは、セピア色したシンプルなシャツとズボン、しかしとても清潔感《せいけつかん》がある。

暇《ひま》なので、話しかけてみようと思って、彼のほうに歩きかけた。

とその時、後ろから呼ばれた。

「悪いけど、ちょっと手伝って〜」振り返ると、彼女が呼んでいる。

「あーいいよ」

そして青年の方に振り返ると、もうそこに彼はいなかった。

手伝いも終え、親戚への挨拶もひと段落。ほとんどの人は家の中に入り、お盆のごちそうをいただいている。玄関先には誰もいなくなっていた。いや、ひとりだけ立っている。さっきの青年だ。中に入ってくる様子はない。

何か用があるのか、親戚ではないのか？　今はうつむいてはいない。彼は、まっすぐ自分の方を向いている。

今度こそ話しかけてみようと思った瞬間《しゅんかん》、青年は深々とおじぎをした。あまりにも丁寧《ていねい》なおじきだったので、僕も思わずおじきをした。

そして顔を上げると、その青年の姿は消えていた。あれっ、どこへ行ったのだろうか。不思議なことに、家の中にもその姿はなかった。

夜も更《ふ》けてきた。

やはり、あの青年の事が気になる。

少し落ち着いてきた時、何気なく彼女に聞いた。

「二十歳くらいのさ、なんか感じのいい青年が、玄関の外にずっといたけど、親戚かなんか？」

しかし彼女には、そのような歳の親戚はいないと言う。

やはり不思議に思い、他の親戚の方にも聞いてまわったが、誰一人知らない。そもそもその場に、そんな若者はいなかった、とさえ言う。


その夜は、そのまま彼女の実家に泊めてもらうことになった。

彼女と自分は疲れていたが、寝る前に今日あった色々な事を話していた。

「少し涼しくなってきたね、クーラーかけてないのにね」

彼女が何気《なにげ》なく言う。

「えっ、クーラーかけてないんだ」

てっきりクーラーで室内の温度が下がっているように思っていた。

その時、

「……しく…しま……」

誰もいないはずの隣りの部屋で、声がした。

「今、隣りの部屋で誰かが……」

「私は別に聞こえなかったけど」

彼女は本当に聞こえなかったみたいだ。

隣りの部屋は、確か仏壇のある部屋だなと思ったとたん、最初に仏壇に手を合わした事を思い出した。そして彼女には、小学生の時に亡くなった弟さんがいた事も。

そうだ、弟さんが亡くなったのは、小学生の頃だけど、生きているとちょうどあの青年くらいの年齢かもしれない。

顔つきもたしかに彼女に似ていたじゃないか。そうだったんだ……。


Yさんは、確信は持てないけれどと、何度も言ってましたが、たぶん、彼女の弟さんは、お盆の時期に実家に帰ってきていたのでしょうね、立派な青年の姿になって。そしてYさんに「僕のお姉さんを、これからもよろしくお願いします」と、挨拶に来ていたに違いありません。

妖《あや》しいお話

スイジガイ

皆さんは、スイジガイって、ご存知ですか？

熱帯地方に分布し、サンゴ礁や浅い海でとれる巻貝なのですが、巻貝《まきがい》の形というより、六つの尖《とが》った角がヒトデのように出ている形なんです。「スイジ」という字は「水字」と書きます。形が「水」という漢字に似ているところからついた名前ですね。もちろん沖縄の海にもいます。ちなみに、名護《なご》市や宮古島《みやこじま》市のシンボルの貝とされています。殻《から》が固くて丈夫なことから、装飾品《そうしょくひん》や貝細工《かいざいく》の材料として利用され、那覇《なは》の国際通りのおみやげ屋さんなどでも販売されているのをよく見ます。なにより、この貝は、魔除《まよ》けとしての役割もあり、古くから家の玄関や家畜《かちく》小屋に吊《つ》るす風習《ふうしゅう》があったそうです。

このお話は、この貝、スイジガイにまつわる話です。

那覇の港近くの繁華街《はんかがい》に、ある居酒屋《いざかや》さんがありました。

昭和四十年代からお店を始められ、初代のおやじさんが隠居《いんきょ》した後は、息子さんが二代目としてやっていたお店でした。

「やっていた」と過去形で申し上げるのは、もう現在は、その居酒屋は、ないんです。

営業してないというより、その店、建物自体がないんです。

初代のおやじさんは、元々ウミンチュ（漁師）でした。でも足を悪くして、商売変えをして店を始めた。魚介《ぎょかい》の新鮮《しんせん》さが評判《ひょうばん》の居酒屋だったそうです。

店の入り口の壁には、雰囲気を出す為にサンゴや自分でとった貝を飾っていたそうです。

そしてドアの上には、スイジガイを吊るしていた。

初代はウミンチュらしく少々無骨《ぶこつ》な性格でしたが、常連客《じょうれんきゃく》にとってはそこがまた居心地が良くて、そこそこ繁盛《はんじょう》していたそうです。

しかし足の具合が悪化してきたため、歳の事も考えて引退して、息子が二代目として店を継《つ》ぎました。

その後も変わらず繁盛していましたが、ある日、ふとした事から店内で客どうしの喧嘩《けんか》がおきた。

しかも、怪我人だけでなく、運悪く死人まで出てしまう大事になってしまった。

すると常連客らも気まずくなったのか、しだいに客足が遠のくようになった。悪い事は続くんですね。

さらにとどめを刺すように、ある日、店が火事になってしまった。

怪我人《けがにん》は出ませんでしたが、店は全焼し、結局お店をたたまざるをえなくなったそうです。

実はこの話は、その二代目の息子さんであるTさんから聞いた話なんです。彼が言うには、「お店が無くなったのは、自分のせいかもしれない」。

二代目、つまりお父さんが居酒屋をやっている頃、Tさんは小学生で、少年野球をやっていました。

実家の居酒屋の裏でバットの素振りをしたり、ピッチャー志望なので、仲間たちと投球練習もよくしたんです。

居酒屋がお休みの日には、店の壁にボールを投げては一人でイメージ練習していた。

キャッチャーがいないので、自分で壁に印をつけて、そこめがけて投球練習をした。するとコントロールがよくなったと、野球部でも評価されるようになったらしいんです。

一人でのトレーニングも工夫を凝らすようになり、ある日、試合の時のような緊張感《きんちょうかん》を出すために、居酒屋の正面に行って、壁に飾ってある貝に当てないように、貝と貝の間を狙《ねら》ってボール投げてみた。

最初は上手く貝の間の壁に当たっていましたが、ふとコントロールが乱れて、入口に吊るしてあったスイジガイに当たってしまった。

すると、貝は、真ん中から割れて、下に落ちてしまったんです。

Tさんは、おじいさんの代からの飾りものだった事を思い出し、こりゃーまずいと思った。こっぴどく叱《しか》られるぞ。

それで、部屋にあった接着剤で割れたところをくっつけて、吊りなおして、知らんぷりしていた。

その貝に、魔除《まよ》けの意味があるなんて、全然知らなかった。

そして、居酒屋で喧嘩がおきて、お客さんが一人亡くなったのは、その翌日だった、というわけです。

二代目や店で働くおばさんたちは、縁起《えんぎ》が悪いというので、入り口の盛り塩はもちろんのこと、店のあちこちに塩を撒《ま》いた。

その時、一人のおばさんが、スイジガイが割れてドアの前に落ちているのに気づいた。うまくくっつかなかったんですね。

そうとも知らずに、大人達は、「いやー、さらに縁起が悪いなぁ」って、話していた。

しばらくして、壁についているボールの跡や、スイジガイに接着剤がついていることが発見されて、Tさんは、お父さんに問いただされ、全てがバレた。「おやじに、したたか殴られた」って言ってました。お父さんも事件の後で警察に呼ばれたり、今後のことを考えなきゃいけないってことで、神経がピリピリしていたんでしょうね。

割れたスイジガイは、そのまま取り外されたままだったそうです。

もちろん、Tさんも、店の周りでは投球練習をしなくなりました。

スイジガイがあった場所がそのままになっているのが、気になってしょうがないTさんは、自分でどうにかしようと、近くの海岸にスイジガイを探しにいった。

でも、もちろんそう簡単には見つからない。

こまったTさんは、スイジガイのイラストを描いて、飾ってあった場所に貼ろうと考えた。

スイジガイの形を思い出しながら、尖った角をいくつか描《か》いてみました。

すると、なんだか☆印のような形になりました。

ふと思いついて、マジックで黒く塗《ぬ》って、もっとかっこいい★印にしてみようとした。黒い貝もカッコイイだろうと思ったわけです。

何度も何度も塗り足していくうちに、スイジガイは、真っ黒くなりました。

まぁないよりはましだろうと、その黒いスイジガイのイラストを、もとのスイジガイがあった場所に貼ったんだそうです。

翌日、それを見たお父さんは、「黒はあんまり良くないな」と言ったものの、そのままにしてくれていたんです。

今思うと、自分を殴ったのを少し後ろめたく思っていたのかもしれませんと、Tさんは言ってました。

でもその一ヶ月後なんですね。火が出て、店が全焼《ぜんしょう》してしまったのは。

Tさんは、最後にこう言ってました。

焼け跡の居酒屋は、骨組みだけ残り、すすだらけ。まるで自分がマジックで塗りつぶした貝のように真っ黒だったと……。

「真っ黒いスイジガイ、スイジガイ」と何度もつぶやいていました。


スイジガイは、沖縄で魔除けの意味があります。そして、私も最近知りましたが、火難《かなん》除けの意味もあるそうです。スイジガイは漢字で書くと「水字」の貝と書きます。つまり火に対しての水ということで、火難除けなんです。

もしTさんがそのことを知っていれば、少なくとも真っ黒く塗らなかったでしょうね。

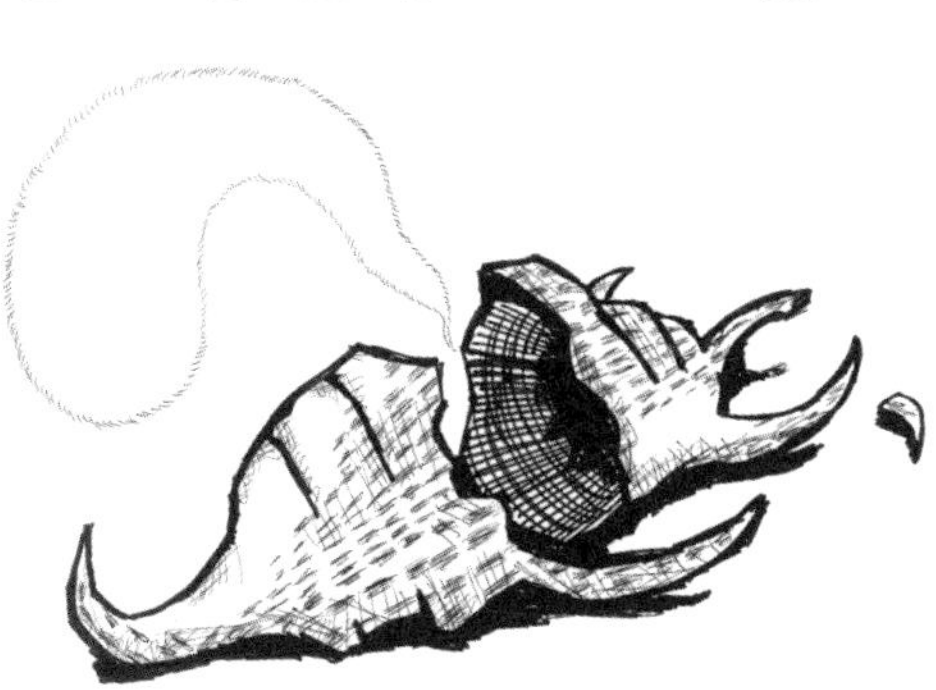

呪《のろ》われた三線《さんしん》

「マサトシ、もう帰ったの？　五時きっかりに退社《たいしゃ》するさぁ」

「あいつ、もうクビだろうな？」

「何やかんやで、仕事しないし、理屈《りくつ》っぽくて友達もいない。あいつは三線が少し上手いくらいしか取り得がないさぁ」

マサトシは、会社に勤めて二年目。沖縄の私立大学を出たが、特にやりたい仕事もなく、親のコネで現在の会社に就職《しゅうしょく》した。

総務《そうむ》関係の仕事だが、全く興味はない。あまり友達もいない。むしろ一人の方が好きだ。

この二十数年、大きい恋愛もしなかったし、何かに情熱をぶつけた事もない。

ただ、強《し》いて挙《あ》げれば、マサトシは三線《さんしん》が好きだ。

おじいさんが三線の師範《しはん》で、小さい頃から教えてくれた。三線の音色《ねいろ》は、マサトシを癒《いや》す。


沖縄では恒例の春の年中行事《ねんちゅうぎょうじ》であるシーミー（清明）の日、家族、親戚でお墓に集まり、宴会となった。

「マサトシ、仕事の方は順調ね？」口うるさい叔父《おじ》が聞いてきた。

「まあまあね」マサトシは、この叔父が苦手だ。

「マサトシは、あまり感情というものを出さんからねぇ、男ならもっとガッツださんとね」

お酒が回った叔父は説教《せっきょう》モードに入っている。いつもなら母がお茶を濁《にご》してくれるのだが、母は向こうで久々にあった叔母たちと重箱《じゅうばこ》に詰めた天ぷらや料理の話に夢中だ。

このまま叔父の説教が続くと思うと気が滅入《めい》る。どうにかしなければ。

その時、叔父の向こう側の立派なお墓の隅《すみ》に三線が立てかけられているのを見つけた。

マサトシは、無言で立つと、その立派な墓まで行き、墓庭の中に入り、三線を手に取って戻って来た。

なかなか立派な三線だ。蛇皮張りも本物で、もしかしたら年代ものかもしれない。どうしてこんな立派なものが……。

「おい、マサトシ。よその三線とったらダメよ。バチがあたるさぁ」

マサトシは、無言で三線を弾き始めた。場が和《なご》み始めた。

「マサトシの三線は、ホレボレするねー」

別の親戚が言った。叔父も目を閉じて聞き始めた。

うるさい親戚が集まった時は、これに限る。三線が上手なマサトシは、小さい頃から、古典から今風のものまで、なんでも弾いては場を和ませてきた。

「マサトシの腕はいいとしても、それにしてもこの三線は見事だなぁ。名器かもしれんな。持ち主が見たら怒るかもしれんぞ」

「ポンって置いてあるくらいだから、怒らんさぁ。この三線も俺に弾かれて喜んでるさぁ」

「適当に戻しておけよ」

「わかってるよ」

やがてシーミーは、お開きとなった。マサトシは帰りに三線を元の場所に戻した。

翌日からまた退屈《たいくつ》な仕事が始まった。

世の中の人は、仕事って本当に楽しんでやっているのかなとか考えるが、そんなふうに考えるのも面倒くさくなった。

あー滅入る。こんな時は、三線でも弾いてのんびりしたいなと思った。

マサトシは、ふと思い出した。シーミーの時に弾いた三線の事を。

あの三線は今まで弾いたものとは、なにか違っていた。弦《げん》の音色《ねいろ》が自分に囁《ささや》きかけているような気がしたのだ。

仕事の後、例のお墓に寄ってみた。

するとなんと、あの三線が、あの時と同じように、墓庭の片隅に立てかけられていた。

「まだあるじゃないか。これは、出会いだ。俺に弾かれる為にあったんだ」

即座《そくざ》に、その三線を手に取り持ち帰った。

もちろん家族には内緒《ないしょ》にした。誰も家にいない時にだけ、その三線を弾き、普段は布を被《かぶ》せ、押入れに隠しておいた。

その数週間後――。

ある高名な男のユタ[*1]が、御願事《ウグヮングトゥ》[*2]を終えた帰り、ある裏通りを歩いていた。するとどこからか、三線の音が聞こえてきた。

「なんという美しく悲しい三線の音色。しかし妖《あや》しい音色でもあるかな」

そのユタは、三線にも精通《せいつう》していた。そのまま通りすぎようとしたが、何か心にひっかかるものがあった。三線の音が聞こえてきた家を見つけると、その板塀《いたぼり》の丸く開いた節穴《ふしあな》から家の中をのぞいてみた。

「な、なんと」ユタは驚いた。

一人の青年が、大蛇《だいじゃ》に巻き付かれているではないか！

いや違う、まるで三線を弾くように、青年は大蛇を抱いているではないか。そして三線の音は、確かにそこから聞こえる。何とも奇妙な光景だ。

これは、ただ事ではないと思った。

お節介《せっかい》かもしれないが、その家を訪ねて、あの青年を助けなければと思い、ドアのベルを鳴らした。

誰も出ない。微《わず》かに家の中から三線の音色が聞こえる。もう一度ベルを

（＊1沖縄の霊能職者　＊2沖縄の神様にお祈りをすること）

押して言った。

「どなたか、いらっしゃいませんか」

三線の音が止んだ。

誰かが、ずずずとやってくる気配。やがてドアが開くと、先ほどの青年がいた。

「まことにすいませんが、私、三線に多少興味がありまして、外を通ってましたら、いい音色がしたもので、思わずお尋《たず》ねいたしました。もしや、今、三線を弾かれてませんでしたか？」

「……いいえ。弾いてません」青年は言った。

ユタは、その青年が嘘《うそ》をついている事はわかっていたが、無理に問《と》い質《ただ》す事は出来ないので、その場はそのまま引き下がる事にした。

一方、マサトシは、この三線を弾く時は家族や近所にもばれないようにしなければマズイなと、心で思った。この後から、ひそかに忍《しの》んで、人気《ひとけ》のない公園や墓地で三線を弾くようになった。

仕事が終り帰宅すると、マサトシは、大きいバッグに隠した三線をもって頻繁《ひんぱん》に出かけるようになった。

最初、家族は、マサトシにてっきり恋人が出来たと思った。何故なら、出かける時はいつも嬉《うれ》しそうだったからだ。

マサトシは、次第に痩《や》せていった。しかし目はいきいきとし、本人も元気そうではある。

家族は、日々やつれていくマサトシの姿を見て少し心配に思った。しかし恋人と遊びすぎるのか、仕事がきついのだろうと思っていた。

しかしその原因が、恋人でも仕事でもないという事がわかる事件が、起きたのだった。


ある夜、マサトシの母が仕事の帰り、自宅近くの公園で三線を弾く青年を見つけた。それは、紛れもない息子のマサトシであった。

彼は母に気づかず、自分の世界に浸《ひた》って三線を弾いている。げっそりと痩《や》せ細った息子は、なんとも気持ち良さそうに弾いている。月明かりで照らされるその姿は、なんとも妖しいものであった。母は、本当にあの青年は自分の息子かと思い、何度も瞬《まばた》きをし、目を凝《こ》らして見た。すると——。

「ひえぇ〜、蛇、蛇」

あろうことかマサトシは、大きく長くヌメヌメとした蛇を抱いているではないか。

母は気を取り戻し、叫んだ。

「マサトシ、あ、あんた何やってるの!」

マサトシは、取り憑《つ》かれたように、その大蛇と戯《たわむ》れたままである。

「マサトシ、聞こえているの。ぬーそーが!」

マサトシは、蛇を抱《だ》きながら顔をあげた。

あァ母さん。いたのー。
明日は、霊園《れいえん》でこのひとたちの
宴《うたげ》だから、練習してたぁ。
もう少ししたら帰るから。
明日は、大事な日だからね〜。
大事な日だからねぇ。

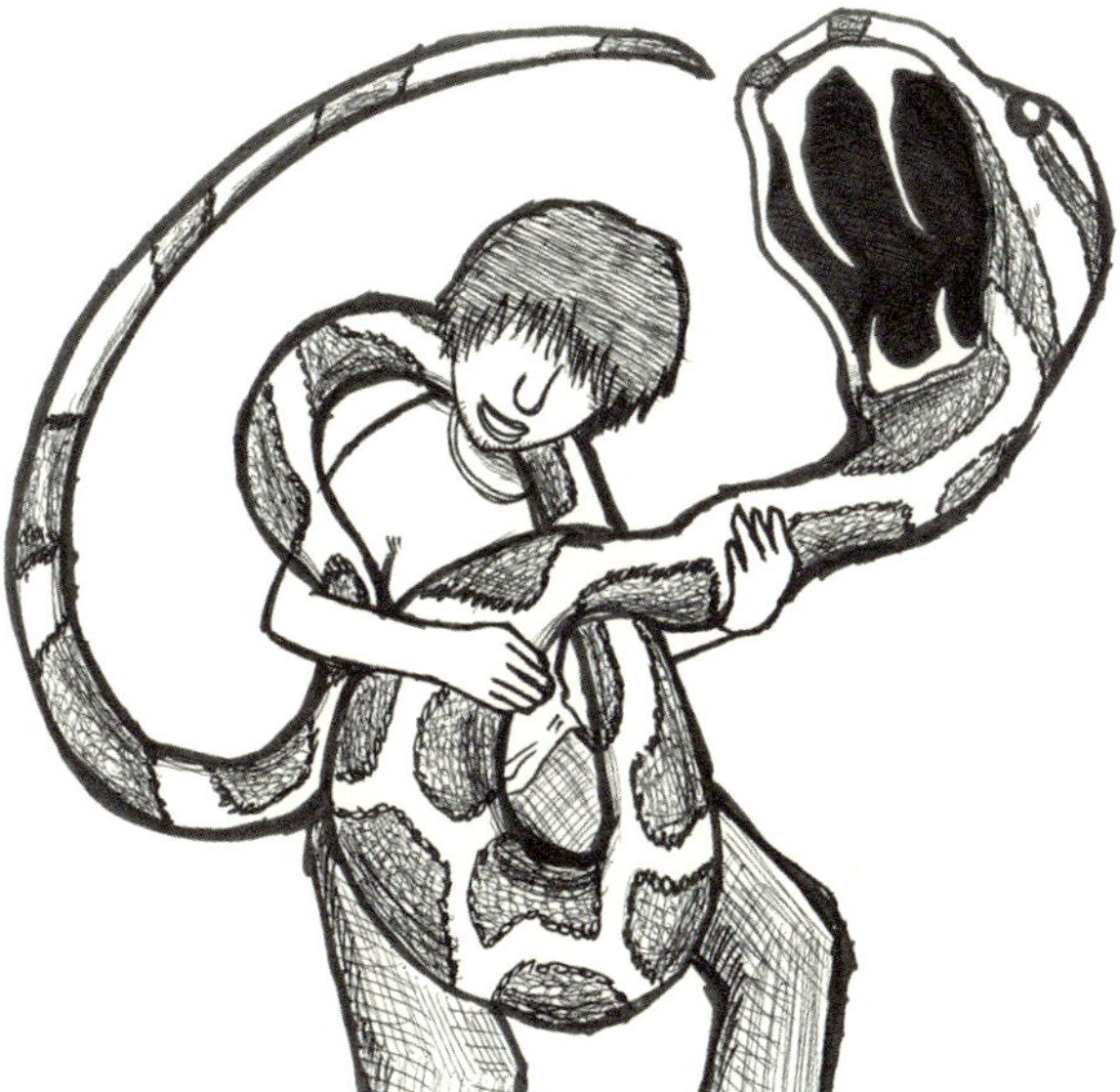

この世のものと思えない、その喋《しゃべ》り方にぞっとした母は、急いで家に戻り、父を公園に連れてきた。

マサトシは、公園のベンチで穏《おだ》やかな寝息をたて寝ていた。

そしてベンチ隅《すみ》には、月明かりで妖しく照らされた三線が、ぽつんと立てかけられていた。


翌日からマサトシは高熱を出し、会社を休んだ。

父は、母から公園での話を聞き、その三線にどうにも不吉なものを感じ、マサトシが寝ている間に、その三線を、知り合いの三線教室に持ち込んだ。

すると偶然にも、以前マサトシの家に訪れたユタがそこにおり、父に話しかけてきた。

「私は、ある家でこの三線に出会っています。もしや、お宅はあちらの……」

父は深くうなずくと、最近のマサトシの様子や、昨日の夜の公園での出来事をユタに伝えた。

話を聞き終えたユタは、おもむろにこう言った。

「大変申し上げにくいのですが、もしや、その三線は、どこかから息子さんが借りてきたようなものではありませんか？　私には、その三線は、大蛇にしか見えない。それもかなり不吉なもの、怨念《おんねん》を感じます」

父はうろたえた。

「はぁ、やはりそうですか。私たちは、どのようにすればよいでしょうかね？　息子は……」

「私は今から用事があるので、すぐその三線を供養《くよう》する事ができません。ここのご主人に頼んで数日預かってもらいましょう。私の力だけで、できるかどうか計《はか》りかねますが、出来るだけ早く供養したいと思います」

こうして三線は、この三線教室に預けられる事になった。

翌日の早朝、マサトシの父と母は、消防車のサイレンの音で目を覚ました。どうやら近所で起こっているらしい火事に、父は不吉なものを感じた。

勘《かん》は的中した。昨日、三線を預けた三線教室の家で火事があったのだ。

幸い発見が早く大事には至《いた》らなかったが、その家の主人は、火傷《やけど》を負い病院に運ばれた。

そんな事故があったので、その三線教室から「例の預かっている三線の事は、また落ち着いてから」という連絡が来た。


数日後――。

マサトシの容態《ようだい》は変わらずで、寝込んだままであった。

夜には熱が下がるが、翌朝になると高熱が出る。

やつれたマサトシは、寝言《ねごと》で変な事を言うようになったので、両親は、一刻も早く大きい病院に、精密《せいみつ》検査をお願いしようと考えていた。

翌日、例のユタから電話が入った。

「マサトシさんは、元気でしょうか？」

「夜は熱が下がるのですが、朝になると熱が上がります。さらにやつれていくように見えます」父が答えた。

「そうですか。実は、大変申し上げにくいのですが……」

「なんでしょう」

「例の三線ですが、火事になった教室とは別の場所で保管《ほかん》してあったそうなのですが、実はそこから無くなっているというのです。それで少し心配になって、連絡してみました。もしやマサトシさんが、三線を持ち帰られているのではないでしょうか」

「いい加減にして下さい。うちの息子は、病気で会社も休み、家から出ずにずっと寝ています」

「失礼しました。何かございましたら連絡を下さいませ」

そう言ってユタは、電話を切った。

その電話の後、父は少し心配になり、マサトシの部屋に様子を見に行った。

マサトシは、ぐっすり寝ている。

布団の中にある抱《だ》き枕《まくら》を抱《かか》えて、横向きに寝ている。

昨日と違い、何か安らかな、嬉《うれ》しそうな顔をして寝ている。

父は、少し安心した。

そしてマサトシの部屋を出ようとしたその時、

ボロン、ボロン

弦が弾《はじ》けるような音を聞いた。

「ま、まさかっ」

父は振り返り、マサトシの布団まで行き、一気に掛《か》け布団《ぶとん》をめくった。

「な、な、なんと」

マサトシは、抱き枕を抱えているのではなく、幸せそうにあの三線を抱《だ》いていたのであった。

沖縄の各家庭で愛されている三線ですが、色々な名器があるようです。そして稀に妖器というものもあるようで、人から人の手に渡り、その場その場で災いを起こしているものもあるようです。中には、ハワイの沖縄日系人の手に渡りあちらでも災いを起こしたという話も聞きます。

あなたの家にある三線は、大丈夫でしょうか？

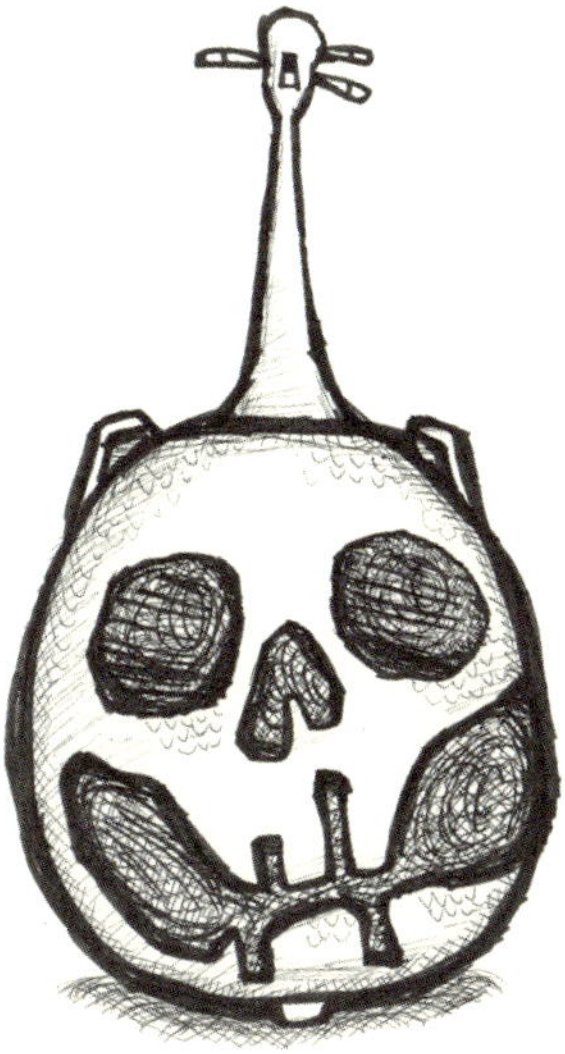

鏡の中の男

「いいから割れぇ！　やー、早く割れぇ。自分を見んけー」


激しい音がして、鏡が砕《くだ》け散った。

あの時、素手《すで》で鏡を割ったせいで、腱《けん》を傷つけ、俺の右手は思うように動かなくなってしまった。

医者は、ガラスの破片で腱を切ったのが致命傷《ちめいしょう》だと言ったが、俺は本当の事を知っている。

俺らは、この廃墟《はいきょ》ビルでダンスの練習した事を後悔《こうかい》している。

失ったものは大きい。俺の右手の自由と、ひとりの友達だ。

俺らは、ダンスチーム仲間だった。

いつもは、新都心の公園に集まっていたが、ダンスの大会が近くなり、大きい鏡があるスタジオか、自分たちのダンスを映せる鏡があるような場所で練習しなければならなかった。

俺らのチーム・ミラクルズは、まだ結成したばかりなので、スタジオや先輩のコネはない。だから壁が鏡になっているようなビルを探しては、路上で、警察に怒られないように練習していた。

あれは、晴れた日だった。沖縄によく来る秋の台風が過ぎた後のさわやかな晴れた日だった。リーダーのダイスケが、ある大きなスナックビルのフロアーが開いていて、自由に入れるところを見つけてきたのだ。

そのフロアーは、昔、ダンスホールだったのか、ワイン色の布が張られたソファーが積まれ、壁という壁に鏡が張ってあり、何本かある柱にも鏡が張ってあった。ステージもあった。

もう何年も使ってないらしくカビの匂いもひどかったが、そこは俺らにとって恰好《かっこう》の場所となった。フロアーの電気コンセントも活きていて、俺らは簡易《かんい》ライトを持ち込んだ。

イリーガルに練習で使っている場所だったが、広いしステージがある。本番のダンス大会の会場より華《はな》やかな場所であるとさえ、メンバーみんなが内心思っていた。

誰も知らない俺らだけのスペースだった。

最初の事件は、メンバーのターツーに起こった。

ブレイキンの技のウインドミルをしている時に、足と腰を捻《ひね》った。身体は柔らかく、筋力《きんりょく》もあるターツーにしては珍しい怪我《けが》で、しばらく入院となった。

翌日、何人かでお見舞《みま》いに行った。明るく迎えてくれるであろうターツーを想像して、お見舞いにはオモシログッズを買っていった。

盛り上がると思ったが、ターツーは思いのほか元気がなかった。

「調子はどうだばぁ？」

「たいした事ないよ」元気がない。

「大会までに治りそうか？」

「だといいけどな」

「ターツーがそんなんだったら、みんな元気がでないばぁよ。今からあの場所で振り付け練習するからさぁ」

「…………」

ターツーは何も言わない。メンバーは少しむかついた。

病室から出て行こうとした時、ターツーがつぶやいた。

「俺、変なの、見たばぁよ」

みんなが振り返った。

「もぅあそこで練習やらんほうがいいよ」

「ターツー、やー、いったい何、見たばぁー」

ターツーは、鏡に映る妖しい男を見た、という。

ウインドミルをしている時、自分のフォームを鏡で見ていた。ターツーはそれくらいの余裕《よゆう》がある。

すると鏡に映る回っている自分の後ろに、人がいた。

最初はメンバーが立っていると思った。回り終わってポーズで決めた時、それはメンバーでなく、作業着を着た中年の男である事が分った。

使い古した作業着で、仕事の途中という風体だった。

最初、知らない男が入ってきたなと思ったターツーは、鏡に映っている男に文句を言おうと後ろを振り返った。

男はいなかった。

振り返って、すぐ鏡を見た。

するとその男は、自分の後ろの方に、確かに映《うつ》っていた。

そして男は、ターツーと目が合うと、ニカッと笑ったのだ、という。

その瞬間、足と腰に激痛《げきつう》が走り、ターツーは倒れた……。

その話を病院で聞いてから、何人かのメンバーは、そこで練習する事を嫌がったが、大会も近いということもあり、照明を明るくして練習することになった。

ただ照明といっても、持ち込みの蛍光灯《けいこうとう》セットが一つ増えただけだ。

その日は、軽く練習し、早くあがった。俺らは、みんなターツーの言葉が頭から離れずに、フロアーに張り巡《めぐ》らされている鏡が気になっていた。


次の事件が起こった。

ダンスを突然ストップしたアリサの顔が、みるみる青ざめていった。

アリサが言うには、鏡に男が映っていたという。

腕を組んで、まるでコーチのようにアリサを見ていた。

目を凝《こ》らして見ると、その男は、消えた。

だが、ふと横の柱の鏡を見ると、またそこに同じ男が映っていた。

みんなに言おうとした時、その男は、別の鏡の中に移動するかのように柱の鏡の中を移動して、するりと消えた。
そしてアリサは、その男の声を聞いたという。

「次はおまえ…、次はおまえ…」

翌日からアリサは、抜け殻《がら》のようになった。沖縄でいうマブヤー（魂）を落としたのだ。最近、仲が悪くなっていた彼氏と別れたのも原因の一つかもしれない。数日ダンス練習は休ませてくれという事だった。

遂にメンバーは、俺とダイスケとリョウの三人になった。

その三人のミーティングで、最悪三人での出場も考えていこうという事になった。新しいセットを組まなきゃならないし、もしあの場所で練習出来ないとなると新しい場所も見つけないといけない。しかし、とりあえず、あの場所での練習は止めておこうという事になった。

だがさらに事件は続いた。

ダイスケが、自宅の風呂場で髪を洗っている時に、中年の男が鏡に映ったというのだ。

湯煙《ゆけむり》の中、その男はダイスケの背後で、鏡の中からニカッと笑ったのだ。

タフで明るいダイスケも、さすがに声が出せなくて、かたまったという。


その事件の後、さすがに怖くなった俺らは、お祓《はら》いに行こうと話し合っていた。しかしユタなんて知らないし、神社とか行くのもなんだかなぁなんて、ダラダラしていたせいで、ほんとうに最悪な事件が起きた。

アリサが自殺したのだ。

それもあの廃墟《はいきょ》ビルから飛び降りた。遺書《いしょ》はなかった。学校でも大事《おおごと》となった。警察にも何度も呼び出しを食《く》らった。

以前から、いろいろ精神的なトラブルを抱えていたアリサの事件は、結局、自殺という形で処理《しょり》された。

俺達ミラクルズは、解散《かいさん》した。ダンスどころではなくなった。ダンスチームの名前ミラクルズも、〈ミラー〉、鏡を想像させて最悪の気分だった。

リョウは学校を辞めて内地に働きに行くと言い出した。

いったいなんで俺らが呪われなければならないんだ！

リョウの兄貴が紹介してくれた知り合いのユタにたのんで、ようやくお祓いをする事になった。

ユタが言うには、俺達が練習したそのダンスホールに皆、マブヤーを落としてきているので、取りに戻らなければいけないらしい。ほんとかどうか知らないが、死んだアリサの魂もまだそこにいるらしい。

翌日ダイスケの携帯から連絡が入った。金縛りにあって夢を見たらしい。

夢の中で、中年男が出てきて、逃げようとするダイスケの耳元で、

「わん（自分）はよ、いつでも、やー（お前）にあえる。鏡は、わんの場所だからよ」

と言ったらしい。

ホラー映画でよく鏡が妖《あや》しい存在として出てきたりするが、本当に洒落《しゃれ》にならなくなった。

全ての鏡が怖くなった。気がおかしくなりそうだ。

早速、ユタにもその夢の事を話した。

まずは、そのダンスフロアーに行って、それぞれのマブヤーをとって来る事が先決だと言われた。

アリサの事件が大事《おおごと》になったので、そのビルの管理人に許可をとらなければならなかった。

アリサの供養《くよう》という事で許可は出たが、管理人《かんりにん》は立ち会わないという事だった。

そして、遂《つい》にその日がきた。

俺とダイスケ、リョウ、そしてリョウの兄貴とユタが揃《そろ》った。

まず先にユタの家で身体を清《きよ》める儀式《ぎしき》をした。

そしてリョウの兄貴が運転するワゴンに乗って、あの場所に向かった。

運転席の後ろに座っているダイスケは、車のバックミラーを見る事さえ避《さ》けているように見えた。

最初あのフロアーまでついきてくれると言っていたリョウの兄貴は、現《げん》場《ば》に着いたら、腹が痛いので車で待っていると言い出した。

人数は減ったが、俺は怖くはなかった。

亡くなったアリサの事を思うと、正直怖いというよりは、悲しいという感情で胸がいっぱいになっていた。

俺は今にも泣きだしそうだった。

管理人にお願いしていたフロアーのバッテリーをあげ、メインライトを点けた。

明るくすると、フロアーは思ったより狭く感じられた。

その光の中で、ユタは用意した塩や米や酒を儀式のために供《そな》えていく。蝋燭《ろうそく》に火をつけて。準備が整うと、何やら呪文《じゅもん》のようなものを唱《とな》え、手を合わせはじめた。

そのユタの呪文を聞きながら、俺は次第に目まいがしてきた。涙がこぼれた。ここからの話は夢なのか、現実なのか分からない。今でもよく分からない。

突然ライトがダウンした。

ユタの蝋燭の火だけがゆらりと揺れている。

その薄暗いステージの鏡の中、俺たちの後ろに、あの中年男が映っていた。薄汚れた作業着を着て、ふてぶてしい顔でこちらを見ている。

でも俺は怖くなかった。

ターツーやアリサの事を考えると、無性《むしょう》に腹が立ってきた。

ユタは目を閉じ呪文を唱え続けている。

俺は立って、ステージに上がった。ダイスケが後ろからついてきた。

俺は強く強く拳《こぶし》を握った。

拳にタオルを巻いた。
「あにひゃー、たっ殺《くる》す」（あのオヤジ、ぶっ殺してやる）
怒りが、最高潮に達《たっ》した。
鏡の中にオヤジが無表情で立っている。
鏡にむかう自分も映っている。
鏡の手前に来た。
怒り狂った自分の表情を見た時、視界がグニャリと動いた。
グニャリとした鏡に、グニャリとした自分が映っている。
あいつにパンチが届くかどうか――。
その時、後ろからダイスケの怒鳴《どな》り声がした。

「いいから割れぇ！　やー、早く割れぇ。自分を見んけー」

タオルを巻いた右手で鏡を割ろうと、思いっきり拳《こぶし》をぶつけた時、明らかにその鏡は、俺の手首まで吸い込んだ。

そして、鏡の中で、俺の手首を誰かの手がすごい力でつかみ、更に引き込もうとした。

俺は、手首を引き抜こうとした。その時、俺の手首はさらに強い力で締め付けられ、グニャリと曲がった。

鏡から手首が戻る時、鏡は粉々に割れた。

もちろん、破片《はへん》で手の甲や手首も切った。でも手の腱を傷《いた》めた致命傷《ちめいしょう》は、鏡の中でつかまれた何かの圧力によるものだ。

メンバーのダイスケも、鏡を見ていなかった。

だれも、その瞬間は見ていない。

でも俺には分かる。あの中年男につかまれた感触《かんしょく》がまだ消えない。

俺らは、この廃墟ビルでダンスの練習した事を後悔している。

失ったものは大きい。俺の右手の自由とひとりの友達だ。

そのダンスフロアーは今はもう無い。
その大きなスナックビル自体取り壊しとなった。那覇《なは》市の前島《まえじま》にあった、あの
妖しげなビルを知っている人は、今でも多いと思う。

約束

「うん　うん　わかった。持ってくるよ」

「約束やぶらないでよ〜」

「わかってる。わかってる。やぶると、左目無くなるんでしょ」


生まれつき、左目の視力がほとんどないサッチにとっては、今更左目が無くなってもいいと思っている。でもあの子は、なんで、シチューマチ（アオダイ）や、イラブチャー（ブダイ）とか、高級な魚が好きなのだろう？サッチの家は、鮮魚店《せんぎょてん》であり、お父さんはウミンチュ（漁師）でもある。お父さんに頼んで魚を手配してもらうけど、高級魚ばかりは、もらえない。でも、サッチが、貧乏《ぴんぼう》な友達の家に分けてあげると説明すると、お父さんは黙って一匹分けてくれる。

その魚を、あの子が指定した木の根元に置いておくと、次に会った時に学校の事、例えば、先生が代わるとか、誰が怪我《けが》をするとか、テストや宿題の答えなんか、ちょっとした未来の事を、ソッと教えてくれる。

まるで魔法使《まほうつか》いだ。占いを超《こ》えている。

一見、彼は普通の小学生だ。少し背は小さく、いつも髪は風に吹かれたようにモジャッモジャッとなっているが、普通の子どもだ。

サッチは時々、あの子の事を同級生に自慢《じまん》したくなるけど、彼はシャイで、彼の事をみんなに話すと、「ぼくは、サッチに会えなくなるよ」と言う。

でも話した内容は、みんなに教えてもいいよと言う。

もともと体が弱く、左目の視力が弱いサッチは、おとなしくシャイで、友達は多い方ではない。しかし、彼から聞いた情報をたまに友達に伝えて、まわりからちょっとした尊敬《そんけい》を集めるのだ。

サッチは、シチューマチを、ガジュマルの根本にそっと置いて帰った。

あれから数年後、サッチは中学生になっていた。

ここ一、二年は、彼と会えるのは半年に一回くらいになった。しかも偶然《ぐうぜん》に会うだけだ。サッチが会いたいと思っても、なかなか会えない。

小学校の時のように、ガジュマルの木の下でボーっとする事もなく、中学生になったサッチは、部活動や勉強と、いろいろと忙《いそが》しい。

サッチは、コウイチという好きな男の子も出来た。奥手だったサッチには初めて好きになった男の子だった。

でも、コウイチと彼の友達は、サッチのいないところで、彼女の容姿《ようし》や左目が見えない事をばかにしている事がわかった。お節介《せっかい》な友達が教えてくれた。とっても好きだったのに、なんだかとても悔《くや》しかった。

空があかね色に染まった夕方。サッチは、魔法使いみたいな彼とよく会ったあのガジュマルの木の下で、もの思いにふけっていた。

「コウイチなんか死んでしまえばいいさ。コウイチも目が見えなくなったら私の気持ちもわかるはずよ……」

すると、いつの間にか、久々に彼が現れた。

彼は、以前と同じ格好《かっこう》で、身長もあまり伸びていないように思えた。

そして前と同じ調子でサッチに言った。

「コウイチの目、とってやろうか？」

「やれるなら　やって欲しいさぁ」

投げやりにサッチは言った。

「また約束の魚、置いておくれよ。そしたらさー」

この前、最後に置いたのは、シチューマチだった。

「約束やぶらないでよー。もしやぶったら、サッチの左目もらうよ」

サッチは、彼が中学生にもなって、まだこんな事を言ってるのかと思った。

男の子って幼稚《ようち》だな。

「ねえ～」と振り返った時、彼は、その場にいなかった。

いつの間にか日が落ちてあたりは真っ暗になっていた。

翌日、クラスにコウイチの姿は無かった。

家族揃《そろ》って車に乗っていて、事故にあったらしい。車の窓ガラスが割れ、助手席にいたコウイチに刺さったみたいだ。

数日後、退院して登校してきたコウイチの左目には、眼帯《がんたい》が巻かれてあった。かなりの重傷のようだ。

マジ？　とサッチは思った。でも偶然《ぐうぜん》？　とも思った。たかが中学生が、車にいたずらして事故らせるなんて出来るはずもない。

その日の夜、沖縄に台風が近づいて来た。台風は数日停滞《ていたい》するかもしれないと天気予報が出た。たたきつける雨風は、次第に激しさを増してくる。

サッチは、コウイチの事が心配だった。

大丈夫かな？　もし、もし、私が彼にお願いしたばかりに、コウイチの目が見えなくなったならどうしよう……。

その思いを、口にしたわけでもないのに、タイミングを計ったように、強い雨風の音に交じって窓の外から、

「約束だよ〜。魚、明日までに持ってきてよ〜」

という声がした。サッチは、すぐ外をのぞいたが、誰もいなかった。

明日？　明日！

そういっても、台風で海は時化《しけ》ているので、船は漁《りょう》に出ない。魚は獲《と》れない。どうしよう。

父に魚はないかと聞いたが、馬鹿かと怒鳴られた。台風が近づいているので二、三日前から誰も漁には出てないのだ。

翌日、学校は台風で休みになったが、サッチは、強い雨の中、例のガジュマルの木まで行った。何故か、彼が待っているような気がした。

雨が右へ左へ、風と共に渦巻《うずま》く。傘なんか役に立たない。

でも大きいガジュマルの木の下に、ポツリと彼は待っていた。

「ごめんね。家は大丈夫？」

「うん。持ってきてくれた？」

「何を？　まさか魚？　この台風でおとうは漁に出られなかったさあ。

明日まで待ってみて」

「これじゃしかたないね。明日、じゃあ、きっとだよ」

「うん」サッチは安心した。彼はサッチをじっと見つめて笑った。

「だって、サッチの左目、美味しそうじゃないしなあ」

「変な事言わないで！　怒られるから、帰るね。じゃあね」

サッチは後ろも見ずに、そのままガジュマルの木の下から離れた。


翌日、台風は去った。見事に晴れた。サッチのおとうも漁に出た。魚も多くはないが、獲れた様だ。しかしサッチは風邪をひいて、熱発《ねっぱつ》した。雨の中、ガジュマルの木に行って濡《ぬ》れたのが原因かもしれなかった。

サッチは、熱にうなされた。あの彼の事も魚の事も、何度も何度もどうにかしようと闇の中で戦った。

「約束おぼえてるからね、元気になったら魚持っていくからね」

しかし暗く重い闇が、彼女に覆《おお》いかぶさっていった。

翌日も熱が下がらず、また学校を休んだ。

サッチは、熱にうなされながら夢を見た。

サッチがようやくたどり着いたところは、例のガジュマルの木の下だった。そして、彼がいた。

いつもより怒っているようだった。少し顔が赤い。

赤い彼が言った。


「魚くれなかったね。だからもらうよ、左目」


サッチは声が出ない。苦しい。でも、全身を使ってイヤイヤをした。

「分ったよ。サッチの目は、もらわない。美味しくなさそうだものね。

でも約束だからね、約束だからさ……」

翌日、サッチは大きい病院に移されたが、意識が戻らなかったのだ。

数日経った。熱は下がって体力は回復したが、意識が朦朧《もうろう》としているため、更に大きい病院に移された。

しかしそこでもサッチの正気《しょうき》は戻らなかった。


—数ヶ月が経った。

脳外科の医師は、サッチの両親に告げた。

「おそらくウイルス性のものと思われますが……重篤《じゅうとく》な状況です」

「どうして、そんな……」

「検査を繰り返していますが、私どもにもまだ原因が解明できておりません。しかし、娘さんの右脳からはまるで反応がありません。右脳の機能が停止している、そしておそらく左目は視力低下で、完全に見えなくなっているかと思われます」

「治りますか？　治りますよね？」両親は涙で大声を出した。

最善を尽くします。お時間を下さいと脳外科は両親に深々と頭を下げた。

最後にその医師が付け加えた。

「しかし不思議なんですよ。左目と右脳は神経で繋《つな》がっています。右脳は、五感で感じた感覚・感性、イメージを直感的・総合的に認識《にんしき》し、判断することで記憶に繋げるのですが、彼女の場合、その右脳の機能が全く止まっているんです。止まっていると言うより、誰かにゴッソリその部分を持っていかれた、取り出された感じすらするんですよ。大きな外傷もないのに」

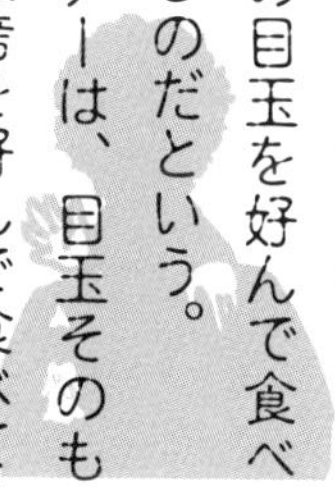

沖縄には、ガジュマルの木に宿るキジムナーという妖怪がいる。
キジムナーは、魚の目玉を好んで食べるとされている。更に一説によると左の目玉にこだわっているのだという。
もしかしてキジムナーは、目玉そのものというより、生きものが、直感し、経験した、その記憶や思考を好んで食べているのではなかろうか。

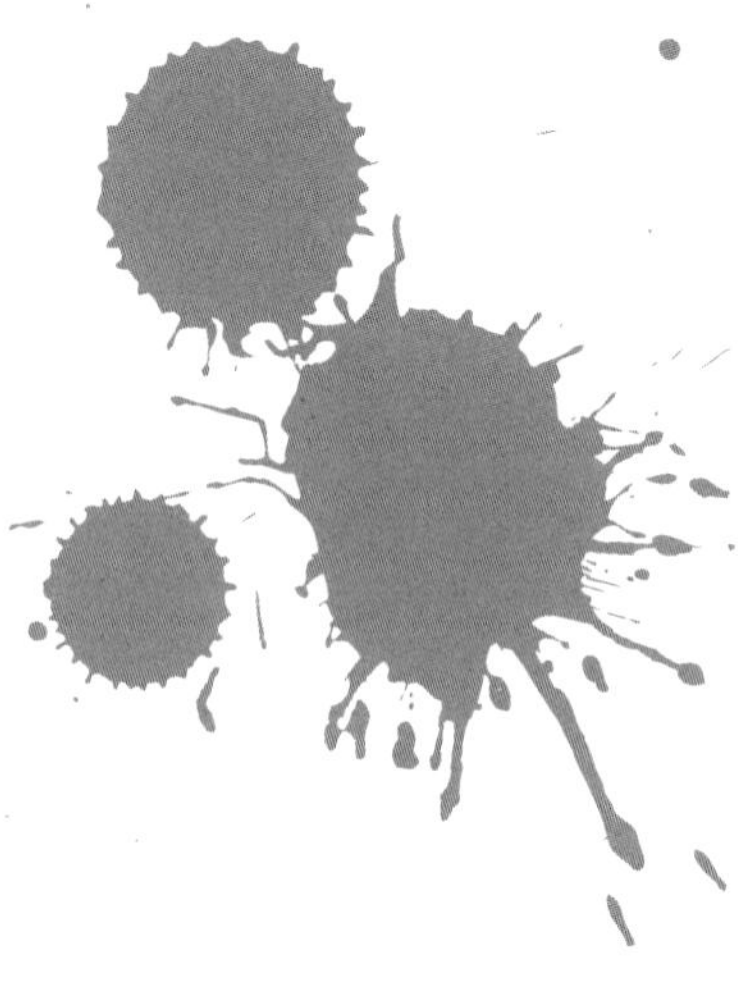

アンクル・カヤの
あとがき

この本を最後まで読んで頂き有難うございました。

ここ四年間で急に、私の元にこのような体験や恐い話が集まるようになりました。最初はボランティアの読み聞かせの一環として小学生にオリジナルの紙芝居や怪談話をしていました。その後、怪談を書くようになり、番組のコーナーやライブで語るようになり、遂に、本を出すまでに至りました。貴重な体験談を語ってくれた方、貴重かつ面白い沖縄の文献を紹介、ご指導いただいた出版社ボーダーインクの新城和博氏と、ご協力いただいたスタッフには感謝感謝であります。

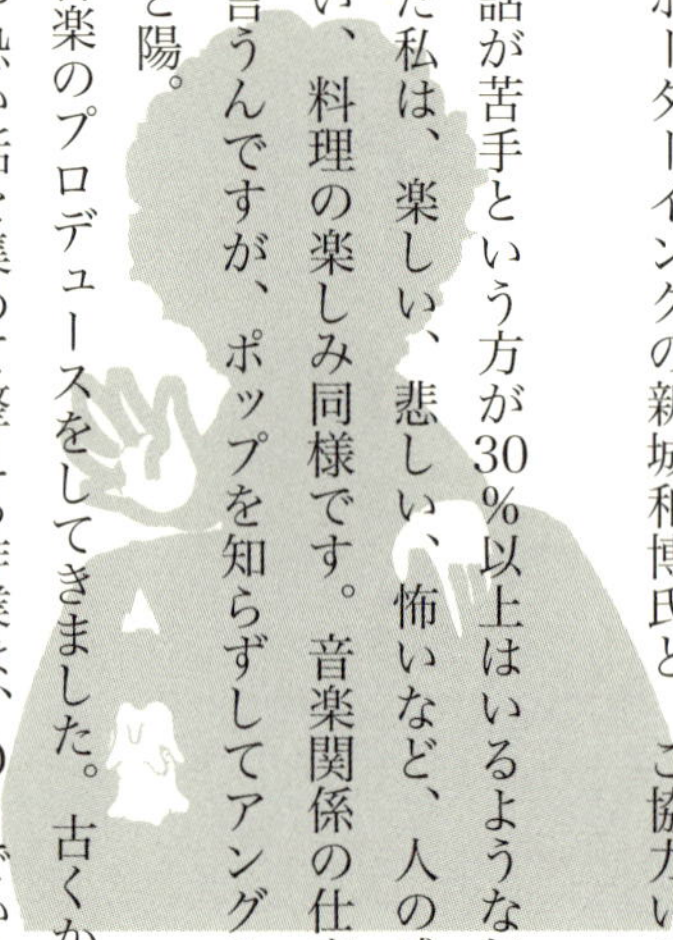

世の中には、怖い話が苦手という方が30％以上はいるような気がしますが、私もその怖がり屋のひとりです。ただ私は、楽しい、悲しい、怖いなど、人の感情全てに興味があります。甘い、辛い、しょっぱい、料理の楽しみ同様です。音楽関係の仕事でも、よくアンダーグラウンドぶっている奴にも言うんですが、ポップを知らずしてアングラは語れず。影のないところに光はありません。陰と陽。
私は、長くDJや音楽のプロデュースをしてきました。古くからある沖縄の怪談を読み返し、この土地にある噂話や恐い話を集めて整える作業は、DJでいうエディットやリミックス作業に似ています。格好つけて言うと、古き良きものを再構築して現代に蘇らせる作業です。

また、私の周りに集まる恐い体験談や怪現象は、私というフィルターを通して世に紹介されていくのです。私は、幼少の頃からオカルトやホラーは好きな方でした。何度も申し上げますが、極度の怖がり屋でもあります。そして、私はスパイス豊富な辛いカレーが好きです。毎回辛いのに挑戦しますが、必ずお腹を壊します。カレーはちゃんと味わった方が美味しいと気づきます。怖い話も似たような気がしていて、ハードな心霊現象を追うというよりは、少しマイルドな怪談が好きなのかもしれません。何故なら、そこには、土地の匂いがあり、ファンタジーや創造があるからです。人間の思いというものが、時を超え、じわじわ伝わってくるからです。

少しおこがましい言い方かもしれませんが、この本で紹介したお話が、百年後どうなって伝えられてるか少し楽しみでもあります。生まれ変わった自分がまた語っていたりして……。

気に入っていただければ、どうぞ、このお話を周りに聞かせてください。大人の方は、ご自分のお子様にも読み聞かせてみて下さい。マイルドな味付けにしても、もっともっと怖い激辛アレンジにして頂いても結構ですよ〜。

……あれ、何か不気味なメロディが、またどこからか聴こえてきました。ちょっと頁をめくってみてください……。

ぎんぎんぎらぎら

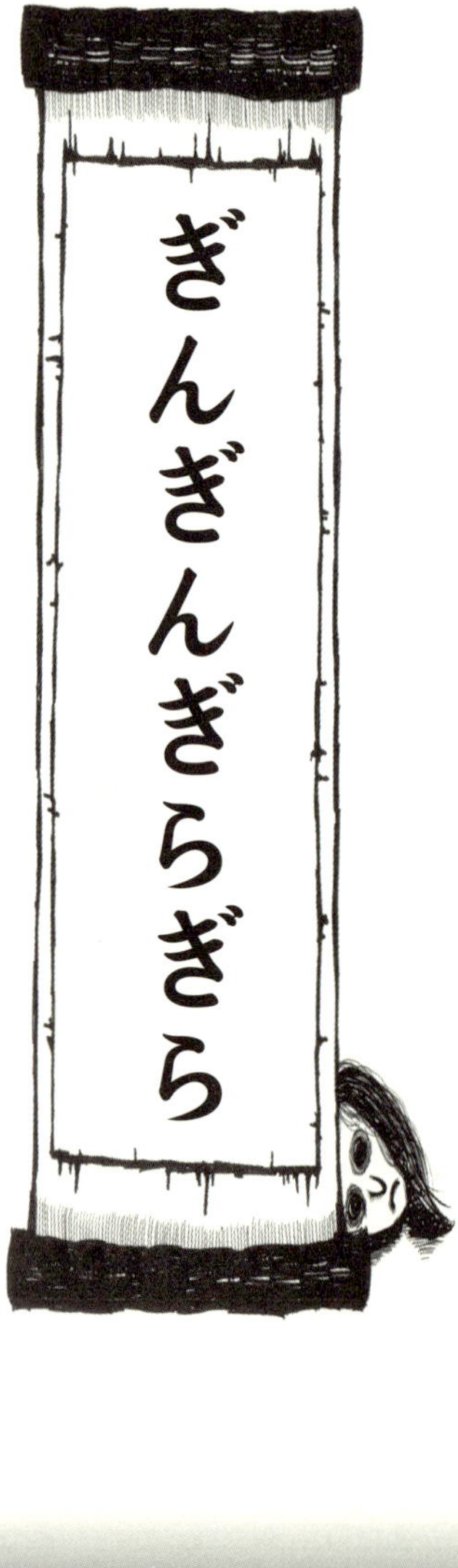

このお話は、那覇の前島《まえじま》に住む私の知人から聞いた話です。
現在五十歳の彼が子どもの頃聞いた、那覇の泊《とまり》地区に古くからある話だそうです。
どの地方にも童謡《どうよう》に絡んだ怖い話がありますが、この話もそのひとつかもしれません。

戦前といっても大正時代から昭和の最初の頃ですが、那覇と首里の間を電車が通っていたそうなんです。いわゆる路面電車なんですが、那覇の港の方から若狭町《わかさ》を通って泊へ、そして崇元寺《そうげんじ》前を通り首里まで、ガタンゴトンと走っていた。

その泊の方に父、母、そして子どもたち、兄と妹の四人家族が住んでいました。兄と妹は、大変仲が良くて、近所でも評判の兄妹《きょだい》でした。ところがある時、不幸なことに、両親を同時に亡くしてしまったんだそうです。まだ小学生で身寄りのない兄妹は、生活の為、学校を辞めて働かなければならなくなった。

二人とも仕事が夕方終わるんですが、学校から帰る同年代の小学生をみては、羨《うらや》ましく思っていたようです。それでも明るい性格の二人は兄妹で支えあった。

唯一《ゆいっ》の楽しみは、それぞれの仕事が終わって、夕方、待ち合わせして夕日を眺《なが》めながら、歌を唄って電車の線路沿いを歩く事だったそうです。

まだ幼い妹の方は歌が好きで、皆さんもご存知の童謡「夕日」が特に好きだったようです。

ぎんぎんぎらぎら　夕日が沈む
ぎんぎんぎらぎら　日が沈む
まっかっかっか　空の雲
みんなのお顔も　まっかっかっか
ぎんぎんぎらぎら　日が沈む

大きい真っ赤な夕日が周りの雲を照らし、仲の良い兄と妹が唄いながら線路沿いを歩く姿が想像できますね。この世に血の繋がった、たった二人だけの兄妹なんです。

ある日、いつものように線路沿いで妹は兄を待っていた。妹はお兄ちゃんが大好きだったんですね。

夕日に赤く染まった兄が見えた。

「お兄ちゃーん」

兄に向かって手を振り走り始めた。

その時、妹の後ろから電車が走ってきた。

兄は、妹を止めようと叫びながら走った。

「お兄ちゃーん」

妹は大好きなお兄ちゃんしか目に入らなず、後ろからせまる電車に気づかない。

兄は、妹の方へ一所懸命《いっしょけんめい》走った。

しかし運悪く二人とも電車に轢《ひ》かれ、悲惨《ひさん》な死に方をしてしまいました。

その後、その付近の小学校では、子どものお化けが出るという話や子どもの首がさまようという噂が絶えなくなり、学校の敷地の一部に、少し大きい石を立てて供養《くよう》したそうです。

それからは、子どものお化けは出なくなったそうですが、今度は兄妹が好きだった童謡「夕日」を歌うと、赤く染まった女の子の首が追いかけてくるというんです。

この地区の「夕日」の童謡は最後の部分が、少し変わってまして、

ぎんぎんぎらぎら　夕日が沈む
ぎんぎんぎらぎら　日が沈む
まっかっかっか　空の雲

あの子のお顔も　まっかっか
ぎんぎんぎらぎら　日が沈む

まっかっかっていうのは、夕日に照らされた「赤」じゃなく、そう血の「赤」なんですね。

この地区では、「この歌を決して最後まで歌ってはいけない」という言い伝えが今もあるそうです。

アンクル・カヤ（unqle KAYA）

本名　栢野　竜一（カヤノ リュウイチ）
　　　DJ、プロダクション運営、パーソナリティ、もの書き。

香川生まれ。法政大学経済学部卒業。90年初期、東京の大手不動産会社に勤務しつつ西麻布や六本木でのDJ、パーティオーガナイズのキャリアを経て93年に沖縄に移住。レコードショップ「フリークショウ」を16年間経営。東京～沖縄で「沖縄ナイト」など数多くのイベントも主催。多くの沖縄クラブ系～ヒップホップの作品、コンピレーションをプロデュース他、沖縄映画『琉球カウボーイ』に主題歌「サルー」を提供。
現在、沖縄のアーティストやDJを発掘、育成する「フリーク・プロダクション」運営。音楽制作、DJのほか、新世代 Ustream 番組「オキナワコーリン」の司会をつとめるなどマルチに活動中。

フリークプロダクション　http://www.freeekpro.com/
オキナワコーリン　http://okinawacalling.ti-da.net/
　　　　　　　　　http://fb1997.com/

ウーウートイレ
おきなわ0校時《ぜろこうじ》の怪談《かいだん》

二〇一一年五月二五日
初版第一刷発行

著　者　アンクル・カヤ
　　　　（栢野　竜一）
発行者　宮城　正勝
発行所　㈲ボーダーインク
沖縄県那覇市与儀226-3
http://www.borderink.com
tel　098-835-2777
fax　098-835-2840
印刷所　㈱近代美術

ISBN978-4-89982-205-9　C0093